essentials

essentials liefern aktuelles Wissen in konzentrierter Form. Die Essenz dessen, worauf es als „State-of-the-Art" in der gegenwärtigen Fachdiskussion oder in der Praxis ankommt. *essentials* informieren schnell, unkompliziert und verständlich

- als Einführung in ein aktuelles Thema aus Ihrem Fachgebiet
- als Einstieg in ein für Sie noch unbekanntes Themenfeld
- als Einblick, um zum Thema mitreden zu können

Die Bücher in elektronischer und gedruckter Form bringen das Expertenwissen von Springer-Fachautoren kompakt zur Darstellung. Sie sind besonders für die Nutzung als eBook auf Tablet-PCs, eBook-Readern und Smartphones geeignet. *essentials:* Wissensbausteine aus den Wirtschafts-, Sozial- und Geisteswissenschaften, aus Technik und Naturwissenschaften sowie aus Medizin, Psychologie und Gesundheitsberufen. Von renommierten Autoren aller Springer-Verlagsmarken.

Weitere Bände in der Reihe http://www.springer.com/series/13088

Matthias Busold · Marc Husten

Work-Life-Integration

Die neue Arbeitsweise und ihre
Implikationen für die Wirtschaft und
Gesellschaft

 Springer Gabler

Matthias Busold
Busold Consulting GmbH
Hamburg
Deutschland

Marc Husten
Busold Consulting GmbH
Hamburg
Deutschland

ISSN 2197-6708 ISSN 2197-6716 (electronic)
essentials
ISBN 978-3-658-32468-1 ISBN 978-3-658-32469-8 (eBook)
https://doi.org/10.1007/978-3-658-32469-8

Die Deutsche Nationalbibliothek verzeichnet diese Publikation in der Deutschen Nationalbibliografie; detaillierte bibliografische Daten sind im Internet über http://dnb.d-nb.de abrufbar.

Planung/Lektorat: Christine Sheppard
Springer Gabler ist ein Imprint der eingetragenen Gesellschaft Springer Fachmedien Wiesbaden GmbH und ist ein Teil von Springer Nature.
Die Anschrift der Gesellschaft ist: Abraham-Lincoln-Str. 46, 65189 Wiesbaden, Germany

„Du kannst nicht acht Stunden am Tag essen, nicht acht Stunden am Stück trinken und auch nicht acht Stunden Liebe machen – alles was du acht Stunden hintereinander tun kannst, ist arbeiten." – Literaturnobelpreisträger William Faulkner (1949).

Was Sie in diesem *essential* finden können

Unsere Welt verändert sich. So banal dieser Satz klingt und im Grunde immer zutrifft, so wohnen wir derzeit tatsächlich einer besonders starken Veränderung bei. Mit der Digitalisierung, dem Klimawandel und der Corona-Krise haben wir drei Mega-Themen, die unsere Welt, also Arbeitsprozesse, Lifestyle und Lebensphasen, wie sie sich in den vergangenen 40,50 Jahren dargestellt hat und letztlich nur marginale Änderungen erfuhr, radikal verändern werden. Althergebrachte Erfahrungen, Kenntnisse und Handlungsweisen werden teilweise ins Gegenteil verkehrt. Lebensmodelle werden sich grundlegend ändern und gesellschaftliche Strömungen werden gegenüber dem Ende des letzten Jahrhunderts kaum wiederzuerkennen sein. Wir wollen uns in diesem Buch im Kern mit dem Arbeitsmarkt und seinen Veränderungen beschäftigen. Wie zu sehen sein wird, ist dieser aber nicht losgelöst von einer Reihe von gesellschaftlichen und politischen Implikationen, die wir ansprechen und charakterisieren werden.

Vorwort

Im Rahmen unserer Tätigkeit als Personalberater ist uns in den letzten Jahren im Dialog mit unseren Kunden und Kandidaten immer stärker ins Bewusstsein gerückt, dass sich die Suche und damit auch der Umgang mit Kandidaten stark verändert hat. Der Arbeitgebermarkt ist vielfach zu einem Kandidatenmarkt geworden. Gleichzeitig haben sich die Motive und Ziele der jüngeren Generation gegenüber ihren Eltern deutlich verschoben. Die Kriterien eine neue Position anzutreten, haben sich gewandelt. Durch die zunehmende Arbeitstätigkeit von beiden Partnern, einer älter werdenden Gesellschaft und entstehender Flexibilität hinsichtlich Ort und Zeit der Arbeitstätigkeit sind Chancen und Herausforderungen entstanden, auf die die Arbeitswelt, aber auch die Gesellschaft und Politik Antworten finden muss.

Sehr oft wird in der deutschen und internationalen Literatur und Veröffentlichungen der Begriff Work-Life-Balance als moderner Lebensstil beschrieben, der bedeuten soll, dass – wohl im Kontrast zu den 60er und 70er Jahren – nicht mehr nur die Arbeit im Vordergrund eines Menschen steht, sondern auch Life/Leben. Dieser Begriff suggeriert eine Trennung zwischen Arbeit und Leben und impliziert, dass Arbeit schlecht und Leben gut sei. Tatsächlich beobachten wir immer mehr die Verzahnung aus Work und Life, zum einen ermöglicht durch moderne, portable Arbeitsgeräte, zum anderen durch eine veränderte Einstellung im Hinblick auf die eigene Disposition, aber auch aus Sicht der Unternehmen hinsichtlich Führungsverantwortung und Zielvereinbarungen. Im vorliegenden Buch arbeiten wir die neuen Arbeitsweisen und ihre Implikationen heraus.

Dieses Buch ist durch die Mithilfe vieler Personen entstanden. Wir bedanken uns bei Christine Sheppard vom Springer Verlag, die geduldig auf unser Manuskript gewartet und uns stets sehr viel Wohlwollen entgegengebracht hat. Das Lektorat und die Professionalität des Springer Verlages ist einzigartig und kann nicht genug gelobt werden. Wir danken unserer Mitarbeiterin Támi Forgó für ihre unermüdliche Zuarbeit. Unsere Assistentin Simone Häberlin hat uns durch ihre tatkräftige Unterstützung im Office Management den nötigen Freiraum für die Gestaltung dieses Buches gegeben. Unseren Familien mit kleinen Kindern danken wir sehr herzlich für ihre Zuneigung, zeitliche Opferbereitschaft und manch inhaltsstarken Hinweis.

Matthias Busold
Marc Husten

Inhaltsverzeichnis

Über die Autoren

Matthias Busold, Jahrgang 1970, ist der Gründer und Geschäftsführer von Busold Consulting GmbH. Er ist seit fünfzehn Jahren im Executive Search tätig und hat in dieser Zeit mehr als 350 Besetzungsprozesse erfolgreich gesteuert. Er studierte Betriebswirtschaftslehre und Geschichte in Berlin, Los Angeles und Wien und absolvierte davor eine Ausbildung zum Außenhandelskaufmann. Im Rahmen eines Executive Education Programms studierte er zudem an der Stanford Graduate School of Business. Zwischen 2005 und 2015 wirkte er als Principal und Partner bei Kienbaum und Rochus Mummert. Nebenberuflich ist er als Dozent mit den Themen Gesprächs- und Verhandlungsführung sowie Personalwirtschaft an verschiedenen Fachhochschulen tätig. Er ist Herausgeber des Buches „War for Talents" und veröffentlicht regelmäßig Fachbeiträge zu personal-wirtschaftlichen Themen.

Marc Husten ist Partner bei Busold Consulting GmbH. Er besetzt primär Führungspositionen im IT-Umfeld, leitet den Bereich Interim-Management und agiert selber als Interim-Manager, wie z. B. bei Mercedes, Beiersdorf, Swisscom, OTTO, Condé Nast und Cideon. Er wurde 1958 in Ghana geboren, wuchs in Austral-Asien auf und begann seine Karriere nach seinem Abschluss als Dipl.-Kfm. an der Universität Münster mit dem Schwerpunkt IT und Marketing bei IBM als Managing Principle. Hiernach wurde er Partner bei Accenture und Newscorp. und übernahm verantwortliche Positionen bei Oracle und bei Atos Deutschland als Mitglied der Geschäftsleitung.

Einleitung 1

In nahezu jeder aktuellen Publikation zum Thema Rekrutierung oder Arbeitsmarkt, in dem die Schwierigkeiten von Unternehmen, passende Arbeitskräfte am Markt zu gewinnen thematisiert wird, findet sich die These, dass die Generation der unter 35-jährigen weniger auf die materielle Vergütung oder weitere Hardfacts, wie Karriereentwicklung und Einflussnahme Wert legt, sondern andere, weiche Faktoren, wie z. B. die Work-Life Balance, priorisiert werden. Dieser Ausdruck – seit etwa 25[1] Jahren im deutschen Sprachgebrauch bekannt – suggeriert, dass es auf der einen Seite Life/Leben und auf der anderen Seite Work/Arbeit gibt. Und dass sich diese Begriffe kontrastieren und sich sozusagen unerbittlich gegenüberstehen. Es wird bewusst oder unbewusst unterstellt, dass Life gut und Work schlecht ist und nur ein Äquilibrium zwischen diesen beiden Facetten die Lebensessenz zu beinhalten scheint.

Gleichzeitig wird in vielen Berichten zu den o. g. Themen, insbesondere wenn es sich um die Arbeitsmöglichkeiten von Frauen dreht, also als Frau zu arbeiten und Karriere zu machen, idealisiert und damit Work/Arbeit als erstrebenswert angepriesen. Dagegen zu halten ist, dass Kinderarbeit immer mehr und zu Recht an den Pranger gestellt, zugleich unter Umständen (in Entwicklungsländern und bestimmten Kulturen) diese Arbeit traditionell sein mag, andererseits die Jugend in manchen Wohlstandsgesellschaften mit ihrer Freizeit nichts anzufangen weiß.

Hier scheint ein Widerspruch zu liegen. Ist Work nun schlecht und muss in ein Gleichgewicht mit dem Gegensatz, dem guten Life (= Freizeit und gut) gebracht werden oder schöpfen wir aus Arbeit nicht Anerkennung, gesellschaftlichen Aufstieg, Wohlstand und Vorsorge für das Alter?

Überhaupt, was ist Arbeit? Und was ist Leben? Ist Leben all das, was nicht Arbeit ist? Muss Arbeit nicht nach Geistes- und körperlicher Arbeit, nach

---

[1]Koch (2016).

© Springer Fachmedien Wiesbaden GmbH, ein Teil von Springer Nature 2020
M. Busold und M. Husten, *Work-Life-Integration*, essentials,
https://doi.org/10.1007/978-3-658-32469-8_1

Tätigkeit an und für ein Objekt, nach Fertigungs- und Innovationsarbeit differenziert werden? Und gleichzeitig kann Leben wiederum z. B. in aktives Leben und passives (Schlafen, Träumen, …) Leben getrennt werden. Und was ist mit Bildungserwerb, Weiterbildung etc.?

Oder liegt hier ein Missverständnis vor und der Begriff Work-Life-Balance ist einfach falsch gewählt? Ist es nicht vielmehr so, dass für die allermeisten Menschen in Deutschland bzw. in Mitteleuropa erwerbstätige Beschäftigung die finanzielle Lebensgrundlage bietet und somit ein Kern des wachen Zustandes von etwa 16–18 h am Tag ist. Die berufliche Tätigkeit einer Person ist bei jedem Kennenlernen ein Gesprächsthema. Der soziale Status einer Person wird oftmals am Renommee des Berufes determiniert und weniger durch gemeinnützige Tätigkeiten, Familienarbeit oder einem ausgeübten Hobby.

Andererseits hat sich in den vergangenen Jahren dank technischer Innovationen, der Digitaltechniken sowie immenser Produktivitätsfortschritten[2] der Eindruck verfestigt, dass die tatsächliche Arbeitszeit geringer wird und privatdeterminierte Aktivitäten einen immer größeren Raum in der Gestaltung eines Tages einnehmen. Hier könnten Überlegungen hin zum bedingungslosen Mindesteinkommen zwar positiv erscheinen, jedoch Gegenteiliges bewirken. Die Freistellung von humaner Arbeitskraft führt im Ergebnis zu einer Zwangsfreizeit (= Life), somit potenziell zu einer Sinnfrage. Was mach ich mit meiner Freizeit? Arbeiten? Sozio- oder Ökodienste? Sinnstiftende Tätigkeiten? Mich fit halten und dem hedonistischen Sein frönen? Hier werden wir in den kommenden Jahren mit einem gesellschaftlichen Wertewandel konfrontiert sein. Wie viel Arbeit braucht der Mensch? Wie viel Freizeit ist zu viel? Welche Portion Arbeit vs. Freizeit ist gesund? An welchem Punkt kippt es? Es existieren immer wieder viele einschränkende Kommentare, die besagen, dass die Menschen nicht glücklicher oder ausgeglichener sind, sondern im Gegenteil durch die Vielzahl an Anforderungen, Arbeit und Freizeit in Einklang zu bringen, zunehmend belastet, sogar überfordert sind.

Wir möchten daher für eine neue Sichtweise plädieren. Gerade durch die breite Nutzungsmöglichkeit innovativer Applikationen möchten wir für den Begriff WORK-LIFE-INTEGRATION werben. Wir sind davon überzeugt, dass die Arbeitswelt von morgen durch Work-Life-Integration bestimmt sein wird und nicht durch konsekutive Vorgänge – 8 h arbeiten – 8 h Freizeit – 8 h schlafen. Hierzu werden sich Menschen adaptieren, hierauf Unternehmer und Unternehmen

---

[2]https://www.bundesfinanzministerium.de/Monatsberichte/2017/10/Inhalte/Kapitel-3-Analysen/3-1-Produktivitaetsentwicklung-Deutschland.html

einstellen müssen und die Gesellschaft vorbereitet sein, um den immanenten erkennbaren Entwicklungen und Anforderungen gerecht zu werden. Eine normative Kraft des Faktischen ist spürbar, nur, wie damit umgehen? Selbstverständlich kann sich Work-Life-Integration nur auf Arbeitsformate beziehen, die räumlich unabhängig sind. Wir sprechen in diesem Buch von Tätigkeiten der Postindustriellen Zeit. Von Tätigkeiten, die örtlich und zeitlich unabhängig sind, bzw. untereinander nicht verknüpft sein müssen und letztlich überall und zu jeder Zeit verrichtet werden können.

In dem folgenden Buch werden wir genauer analysieren, was Work-Life-Integration ist, welche Auswirkungen diese auf den Menschen, auf Unternehmen und auf die Gesellschaft haben und welche Voraussetzungen erfüllt sein müssen, um eine Work-Life-Integration zu erreichen. Die Digitalisierung schreitet rasant voran, sodass manche Thesen, die heute richtig sind, ggf. schon morgen überholt sein könnten. Wir sehen dies an der Corona-Krise, die neben vielen anderen Aspekten einen Boom in der Nutzung von digitalen Kommunikationsmethoden entfacht hat. Während wir an diesem Buch schreiben, wandeln sich Arbeitsformen, z. T. aus der Not oder der Notwendigkeit heraus, z. T. ist die Corona-Krise aber auch ein Katalysator für Innovationen, die ohnehin in den Startlöchern waren und nun durch einen exogenen Push etabliert werden.

Grundlagen

2

2.1 Definitionen

2.1.1 Arbeit/Work

Arbeit (Work) nimmt in unserem menschlichen Leben einen zentralen Platz ein. In der Regel arbeiten wir mehr als 1/3 des Tages. Arbeit ist ein regelmäßiges, Kraft forderndes, für die Gesellschaft und Wirtschaft nützliches Handeln und es ist ein Austausch gegen Lohn. Diese Leistung kann physisch oder geistig erfolgen. Die Arbeitsbedingungen werden zumeist vom Staat reglementiert, es gibt z. B. einen Mindestlohn, das AGG und maximal erlaubte Arbeitszeiten. Es gibt Organisationen, wie Gewerkschaften, die die Interessen der Arbeitnehmer wahren und Gesetze, die diesen schützen, wie Arbeitsschutzbestimmungen.

Der Begriff von Arbeit befindet sich stetig im Wandel. In der Antike wurde der Begriff von Arbeit negativ assoziiert. Der Philosoph Aristoteles bezeichnete Arbeit als Gegenteil von Freiheit, da man unter dem Zwang eines anderen steht. Durch das Christentum wurde die körperliche und geistige Arbeit positiv geprägt. Letztlich waren Jesus und seine Jünger, bevor sie predigten, Handwerker und Fischer. In der frühen Aufklärung bekennt Jean-Jaques Rousseau die Arbeit als natürliches Recht jedes Menschen, denn nur durch Arbeit entsteht Eigentum, die nicht durch Arbeit erworbenen Besitztümer zählen zum Allgemeinbesitz. Im 18. Jahrhundert unterschied Adam Smith zwischen „produktiver Arbeit" und „unproduktiver Arbeit". Bei der „produktiven Arbeit" handelt es sich dabei um Arbeit, bei der ein Produkt entsteht, welches verkäuflich ist. Bei der „unproduktiven Arbeit" handelt es sich somit um Arbeit ohne verkäufliches Produkt am Ende, z. B. auf geistiger Ebene. Zusätzlich entwickelte Adam Smith die Idee zur Arbeitsteilung. Mithilfe der Arbeitsteilung, die Aufteilung des Arbeitsprozesses

© Springer Fachmedien Wiesbaden GmbH, ein Teil von Springer Nature 2020
M. Busold und M. Husten, *Work-Life-Integration*, essentials,
https://doi.org/10.1007/978-3-658-32469-8_2

mit spezialisierten Arbeitskräften, sollte die Produktivität der Arbeit und somit auch der Wohlstand des Landes gestärkt werden.

Die mit der Arbeitsteilung einhergehenden Gefahren, wie Monotonie und Verdummung, werden zu einem Zentrum[1] der Kapitalismuskritiker des Marxismus. Im 19. Jahrhundert definiert Karl Marx die Arbeit als „Stoffwechsel mit der Natur", welche das Wesen des Menschen bestimmt. Das Proletariat erzeugt mit seiner Arbeit ein Produkt, welches sie für jemand Fremden gestalten. Durch den Kapitalismus entsteht somit eine Entfremdung zum Arbeitsobjekt. Das Ziel von Karl Marx war es, diese Entfremdung zu beenden.

Das protestantische Arbeitsethos sah die Arbeit als eine von Gott gewollte Tätigkeit an, somit verlor die Arbeit an Lästigkeit. Für die Protestanten stand der wirtschaftliche Erfolg für die Großzügigkeit und Güte Gottes. Max Weber sah den Ursprung für die Durchsetzung des Kapitalismus als Wirtschaftsform in dem protestantischen Arbeitsethos. Er stellt somit einen Zusammenhang zwischen der Wirtschaftsentwicklung und Religion her. Zusätzlich stellte Weber fest, dass sich die Beziehung zwischen Arbeiter und Gutsbesitzer veränderte. Die Beziehung entwickelte sich von einem Herrschaftsverhältnis zu einem Klassenverhältnis.

Jutta Allmendinger, Präsidentin des Wissenschaftszentrums Berlin für Sozialforschung, betrieb im Vorfeld der Übernahme dieses Amtes langjährige Forschungen zu den Lebensverläufen von Menschen und wie diese durch Institutionen, wie dem Wohlfahrtsstaat, der Bildung oder des Arbeitsmarktes, geprägt werden. Sie führte den Begriff der Bildungsarmut[2], das Fehlen von Bildungskompetenzen und Bildungszertifikaten, ein. Ihr Stichwort für die Zukunft der Arbeit ist die Bildung und somit auch die Bekämpfung der Bildungsarmut, durch z. B. Öffnungen von Ausbildungsstätten für 40–50-Jährigen, um neue Berufe zu erlernen.

Dies sind nur einige Beispiele aus verschiedenen Jahrhunderten und Fakultäten für die Definition von Arbeit. Doch egal um welche Form von Arbeit es sich handelt, der Arbeitsrahmen wird determiniert, also die Aufgaben, die Arbeitszeiten in einer Woche oder das Gehalt werden im Voraus gestellt und festgelegt. Die *exogene Determinierung* wollen wir daher im Weiteren als Definition verwenden.

---

[1]Neben der Kritik an der aus Sicht von Marx ungerechten Verteilung des Gewinnes (Mehrwert) und der damit seiner Meinung nach einhergehender Ausbeutung der Arbeiterklasse.

[2]Allmendinger und Leibfried (2005), S. 45 ff.

2.1.2 Leben/Life

Das Leben ist damit alles, was nicht exogen determiniert wird, sondern in der freien Selbstentfaltung des jeweiligen Menschen liegt. Der Mensch ist ein Lebewesen, das zum einen aufgrund seiner biologischen Bedürfnisse agiert. Zum Überleben müssen bestimmte Anforderungen erfüllt werden: Nahrung, Schlaf, Fortpflanzung. Zum anderen ist der Mensch aber vernunftbegabt und unterscheidet sich dadurch vom Tier[3]. Das Streben nach sozialen Bindungen, die Pflege von Kontakten (Freunde und Familie), Zielsetzungen über das reine Überleben hinaus durch zielgerichtetes Verhalten, Reflexion und Antrieb, Fleiß und Disziplin, Freude und Hedonismus sind Charakteristika des Daseins in der Entwickelten Welt.

Das Leben besteht aus Vergangenheit, dem Erlebten, und aus dem sich selbst gesetzten Ziel, der Zukunft. Alles wandelt sich täglich. Leben ist ein steter Fluss, der niemals stehen bleibt, denn selbst die Ruhe dient der Regeneration und dem Wachstum. Leben bedeutet, sich selbst ständig neu zu definieren, mitunter den Sinn seines Lebens zu suchen. Durch die Erfahrungen bewältigt man das Leben immer besser, doch gleichzeitig schwindet die Zeit.

2.2 Historie

Während wir heutzutage oftmals den Fehler machen, zu denken, dass die Ordnung der Nachkriegszeit – Vater verlässt das Haus morgens, um zu seiner entfernt vom Wohnort liegenden Arbeitsstätte zu gehen und die Mutter versorgt derweil zu Hause die Kinder und kümmert sich um den Haushalt – nicht nur heute überholt ist, sondern auch nur etwa 130 Jahr in dieser Form dem Idealbild der Gesellschaft entsprach, also, von ca. 1850 bis ca. 1980.

Vor der Industrialisierung – in Deutschland seit etwa 1850 – herrschte eine ganz andere, der Work-Life-Integration nicht unähnliche Konstellation vor: Wohnort und Arbeitsort waren kombiniert. Die berühmten Zunftorganisationen waren so organisiert, dass der Bäcker, der Schmied oder der Schuhmacher seine Werkstatt im Erdgeschoss des Wohnhauses hatten und im ersten und zweiten Stock die Familie wohnte und der täglichen Arbeit nachging. Das schnelle Umschalten von Wohnen und Arbeiten war aufgrund der Nähe möglich. Die durch die im Rahmen der Industrialisierung entstandenen Fabriken und die damit einhergehenden größer werdenden Arbeitsstätten und nicht zuletzt die Emissionen zwangen

---

[3] Kant (1785, S. 22).

die Menschen und damit die Stadtplaner zu einem Umdenken, indem Wohnen und Arbeiten entzerrt wurden. Die Arbeitsstätten wurden an den Stadtrand oder in eigens dafür etablierte Gewerbeansiedlungen verbannt und die Notwendigkeit entstand, jemanden, nämlich nahezu immer die Frau, für den Haushalt und die Kinderversorgung zu ernennen. Die im Nachkriegsdeutschland gängige Familienformen entstand schon im 19. Jahrhundert und streckte sich schließlich dann doch weit ins 20. Jahrhundert hinein, jedenfalls im Großen und Ganzen, bis heute noch im Bewusstsein und als ‚Norm' betrachtet.

Mit zunehmender Akademisierung der Frauen und dem naheliegenden Wunsch der Verwertung dieser Ausbildung, entstand seit den 70'er Jahren ein immer stärkerer Drang der Frauen nach Arbeitsmöglichkeiten. Hierfür mussten aber auch gesellschaftlich, familienpolitisch, rechtlich, gesundheitlich (Contraception/die Pille), sozial, klerikal und finanziell die Voraussetzungen erfüllt werden. Parallel hat sich das Selbstverständnis der Generationen geändert. Um dieses zu verstehen, stellen wir überblicksartig die vier Generationen nach dem zweiten Weltkrieg dar.

2.3   Generationen

Eine Generation ist eine große Gruppe von Menschen (Kohorte), die als Altersgruppe in der Gesellschaft oder aufgrund einer gemeinsamen Prägung durch historische oder kulturelle Erfahrungen eine zeitbezogene Ähnlichkeit haben. Dabei ist wichtig zu verstehen, dass zwei Komponenten eine Generation prägen. Zum einen die Elterngeneration und zum Teil die Großelterngeneration, indem diese ihren Kindern und Enkeln im Rahmen der Erziehung ihre Wertvorstellungen, Ideale und Ziele mitgeben und zum Zweiten aktuelle Geschehnisse ihrer Adoleszenz und daraus folgend gesellschaftliche Wandlungen. Dabei ist oft zu beobachten, dass viele Eltern ihren Kindern Aspekte mit auf den Weg geben, die sie selber nicht erreicht oder erlebt hatten. Die Kriegsgeneration (1935 bis 1950) ist inzwischen aus dem Arbeitsleben ausgeschieden und daher nicht mehr als Teil der Arbeitswelt relevant. Jedoch hat sie ihre Kinder – die Generation Golf – geprägt. Die anschließenden Generationen, ihre Charakteristik, Prägungen, Konsumgüter, die jeweilige Form der Rekrutierungsprozesse sowie Kriterien für eine Einstellung führen wir nachfolgend aus.

2.3.1 Baby Boomer

Die Baby Boomer (Anfang der 50er bis Mitte der 60er) sind im Wirtschaftsaufschwung geboren. Den Höhepunkt markiert das Jahr 1964 mit mehr als 1,3 Mio. Geburten und somit den höchsten jemals gemessenen Wert in Deutschland. Etwa parallel, ab ca. 1962, setzte der Pillenknick ein und reduzierte die Geburtenrate sukzessive auf weniger als 600.000 im Jahre 2005 und liegt nach zahlreichen sozial- und familienpolitischen Maßnahmen (Elterngeld, Kindergartenplätze, Nachmittagsbetreuung von Kindern, Mittagessen und Hausaufgabenbetreuung in der Schule) bei 750.00 Geburten im Jahre 2019. In ihre Zeit fallen die Friedensbewegung und die Umweltbewegung, wirtschaftlich sind nur wenige Krisen (Ölkrise) zu bewältigen. Diese Generation ist auf Konkurrenzverhalten, auf Aufmerksamkeit und Individualität fokussiert. Die Baby Boomer sind die Eltern der heute 30-jährigen.

2.3.2 Generation Golf

Die Generation Golf (Mitte der 60er bis Ende der 70er Jahre), Eindrucksvoll beschrieben im Buch von Florian Illies, wurde geprägt durch großen technischen Fortschritt, Bewusstseinsprägung des Umweltschutzes, durch Umweltkatastrophen (Ozonloch, Tschernobyl) hervorgerufen, Integrationsprozess der EU, Konjunkturkrisen und einer wachsenden Arbeitslosigkeit, steigenden Scheidungsraten und Doppelverdiener (der Eltern). Es ist aber auch die erste Generation ohne Kriegseinwirkung. Arbeit ist ein zentraler Lebensinhalt, wobei alternative, individuelle Lebensentwürfe und die Work-Life-Balance wichtig sind. Dabei herrscht aber eine große Orientierungslosigkeit (Tab. 2.1).

2.3.3 Generation Y

Die Generation Y (Ende der 70er bis Mitte der 90er) ist in einer Multioptionsgesellschaft groß geworden. Geprägt wurde sie durch die Terroranschläge 9/11, eine hohe Jugendarbeitslosigkeit und durch einen hohen Anteil Unsicherheit. Dies ist auch der Grund, dass diese Generation „Why" (=Warum) genannt wird. Unsicherheit ist für diese Generation ganz normal. Anstelle von Status und Prestige steht die Freude an der Arbeit, Freiräume, Selbstverwirklichung und Freizeit im

Tab. 2.1 Generation Golf

Charakteristika	Prägung	Ideale	Rekrutierungsprozess und Kriterien für die Einstellung
Golf, Wetten dass	Wirtschaftskrise/ Massenarbeitslosigkeit	Porsche	Ansprache übers Telefon, Online Anzeigen
Gesellschaftlicher Aufstieg nicht mehr selbstverständlich, aber soziale Anerkennung durch sozialen Status	Tschernobyl, Kalter Krieg, Mauerfall	Louis Vuitton	Abschlüsse, Noten im Fokus, Zeugnisse/Zertifikate suggerieren Kompetenz im definierten Umfeld
Patriotismus verpönt	3 Programm-TV	Adidas	Stetige, lineare Lebensläufe, keine Lücken im Werdegang als Optimum
Auslandsaufenthalte während der Schule und Studium sind einer Minderheit vorbehalten	Arbeit aufgrund eines Vertrages	Karriere, Wohlstand, Sicherheit	Bewerbungen aus dem Arbeitsprozess zwingend

Tab. 2.2 Generation Y

Charakteristika	Prägung	Ideale	Rekrutierungsprozesse und wichtige Kriterien für die Einstellung
Vieles wird in frage gestellt (Why?)	9/11	Mobiltelefone	Ansprache über soziale Medie
Arbeit als Selbstverwirklichung, Karriere nicht mehr zentral	Finanzkrise	Puma	Sehr hoher Wissensstand über das Unternehmen durch Online Recherchen, Kununu, Glassdoor etc.
Generation Praktikum, stark wachsendes „Unternehmertum"	Digitalisierung	Streben nach Unabhängigkeit	Negative Meldungen hinsichtlich CSR, mangelhafte Arbeitsbedingungen, keine Diversity etc. sind schädlich
Ausbildung umfasst nahezu immer einen internationalen Aufenthalt	Konsumsouveränität	Digitale Kompetenz	Lebensläufe werden weniger linear, Sabbaticals kommen auf: Status, Titel weniger wichtig
Alternative Lebensformen werden akzeptiert	Chancen und Risiko durch Globalisierung, ausgeprägte Internationalität	Individualismus	Kompetenz zählt, Zeugnisse oder Zertifikate weniger
	Diversity hält Einzug, Frauen werden stark gefördert	Sinnstiftende Tätigkeiten	Work-Life-Balance

Vordergrund. In der Generation Y gibt es besonders viele H.E.N.R.Y.'s (High Earnings not rich yet), ein Segment, das sehr gut verdient, aber noch nicht reich ist. Die Generation Y ist die erste Generation von Digital Natives (Tab. 2.2).

2.3.4 Generation YOLO

Die Generation YOLO (*You only live once,* von Mitte der 90 bis 2010) ist mit dem Internet und den mobilen Geräten (Tablets, Smartphones) groß geworden

Tab. 2.3 Generation Yolo

Charakteristika	Prägung	Ideale	Rekrutierungsprozesse und Kriterien für die Einstellung
Stolz auf Deutschland	Kein ökonomischer Mangel, im Boom sozialisiert	Nutzen statt Besitzen, Share Economy	Social Media, Netzwerk
Exklusivität durch Leistung	Corona; Klimakatastrophe	Freizeit und Familie statt Karriere um jeden Preis	Projekte statt dauerhafter Einstellung
	Sehr internationale Ausbildung, Privatuniversitäten sind etabliert	Erleben (Reisen/Abenteuer) statt Haben	Spitze Kompetenzen

und gilt auch als Digital Natives. Soziale Netzwerke (facebook, Instagram usw.) werden ohne Rücksichtnahme auf die eigene Privatsphäre genutzt. Die Generation YOLO konzentriert sich nur auf ihre eigenen persönlichen Ziele, dadurch sind sie Einzelkämpfer und Individualisten. Die Lebenslust und die Maximierung von Erlebnissen treibt sie an und nicht festgelegte Strukturen und Abläufe. Wissen wird ausschließlich über das Internet jeweils situativ abgefragt. In der Generation Yolo gibt es besonders viele Smombie's (Smombie = Wortkombination von Smartphone und Zombie, unter dem Begriff Smombies versteht man User, welche einen ständigen Blick auf ihr Smartphone haben und dadurch ihre nächste Umgebung (andere Menschen, Arbeit, Verkehr usw.) nicht mehr bewusst wahrnehmen. Kritik wird an der Generation Yolo immer wieder im Hinblick auf die fehlende Identität und bedingungslose Begeisterungsfähigkeit für etwas genannt (Tab. 2.3).

2.4   Wertewandel

Jede Zeit hat ihre Werte und naturgemäß unterlieg daher jede Zeit einem Wertewandel. Zwar gibt es immer wieder gesellschaftliche Strömungen, die sich zu Recht oder auch nicht gegen einen Wertewandel stemmen und diesen z. T. gar zurückdrehen möchten, aber wenn man sich bewusst ist, dass nichts so stetig wie der Wandel ist, ist gegen einen Wertewandel grundsätzlich weder etwas unternehmbar noch einzuwenden. Vielmehr müssen sich handelnde Personen dieser Situation gewahr sein und sich bewusst sein, dass sie sich entsprechend adaptieren müssen. Dies gilt für öffentliche Institutionen, für Parteien, für die Wissenschaft und Kultur, aber insbesondere auch für Unternehmen und natürlich auch für

Werte

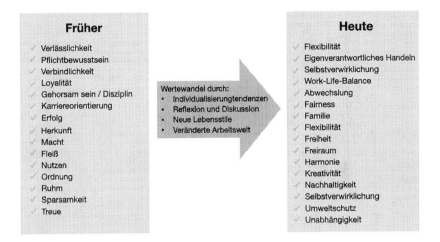

Früher		Heute
Verlässlichkeit		Flexibilität
Pflichtbewusstsein		Eigenverantwortliches Handeln
Verbindlichkeit		Selbstverwirklichung
Loyalität		Work-Life-Balance
Gehorsam sein / Disziplin	Wertewandel durch:	Abwechslung
Karriereorientierung	• Individualisierungtendenzen	Fairness
Erfolg	• Reflexion und Diskussion	Familie
Herkunft	• Neue Lebensstile	Flexibilität
Macht	• Veränderte Arbeitswelt	Freiheit
Fleiß		Freiraum
Nutzen		Harmonie
Ordnung		Kreativität
Ruhm		Nachhaltigkeit
Sparsamkeit		Selbstverwirklichung
Treue		Umweltschutz
		Unabhängigkeit

Abb. 2.1 Werte. (Eigene Darstellung)

Individuen. Daher sollten sich Entscheider stets fragen, wie sich innerhalb der vergangenen 10–15 Jahren Werte gewandelt haben und welche in der Generation der unter 35-jährigen derzeit im Fokus stehen (Abb. 2.1).

Wenn man sich diese Werte anschaut, sind z. B. sehr konservative Werte, wie Familie und Nachhaltigkeit ebenso dabei, wie eher progressive Werte, wie Flexibilität und Selbstverwirklichung. Man kann also zusammenfassend nicht davon sprechen, dass sich die Generation, die derzeit auf den Arbeitsmarkt strömt, von besonderem Konservativismus oder Progressivität geprägt ist, sondern sich eben Werte gewandelt haben. Niemand wird am Arbeitsmarkt erfolgreich sein, wenn er diesen Wandel ignoriert. Optimalerweise gestaltet man ihn aktiv mit.

2.5 Demografischer Wandel

Der demografische Wandel trifft Deutschland stärker als die meisten anderen entwickelten Volkswirtschaften. Die wichtigsten Gründe dafür sind, dass der „Babyboom" hierzulande relativ spät eingetreten ist und wenig ausgeprägt war, sodass die Geburtenrate anschließend deutlich rascher und stärker zurückgegangen ist als anderenorts und dass sie nun seit rund 40 Jahren auf niedrigem Niveau verharrt. Die Lebenserwartung steigt dagegen kontinuierlich an.

Die gute Arbeitsmarktentwicklung in Deutschland wird erkennbar, wenn man die Entwicklung der Zahl der Erwerbspersonen und der Erwerbstätigen während der letzten Jahrzehnte betrachtet, 2016 lag die Zahl der Erwerbspersonen bei rund 45,3 Mio., von denen rund 43,6 Mio. Personen tatsächlich erwerbstätig waren. Schließlich hat die aktuelle wirtschaftliche Stärke Deutschlands auch einen demografischen Hintergrund: Die deutschen Babyboomer standen 2005 in der produktivsten Phase ihres Erwerbslebens. Dieser Effekt konnte sich bei geänderten Rahmenbedingungen unter Umständen endlich voll entfalten. Dagegen ist die Entspannung am Arbeitsmarkt nicht durch einen bereits beginnenden Rückgang der Bevölkerung im erwerbsfähigen Alter zu begründen. Sowohl die Zahl der Erwerbspersonen als auch die Zahl der Erwerbstätigen ist in den letzten Jahren deutlich gestiegen.

Mit dem Eintritt der deutschen Babyboomer ins Rentenalter beginnt in Deutschland jedoch nach 2020 eine längere Phase der offenen, demografischen Alterung: Die Zahl der Personen im Rentenalter wird stark steigen, während die Gesamtbevölkerung und vor allem die Zahl der Personen im erwerbsfähigen Alter immer schneller zu schrumpfen beginnen (Abb. 2.2).

Grund dafür ist, dass in dieser Zeit relativ geburtenstarke Jahrgänge aus dem Erwerbsleben ausscheiden und zahlenmäßig deutlich kleinere Jahrgänge in die Erwerbsphase hineinwachsen.

In den nächsten Jahrzehnten sinkt nicht nur die Zahl der verfügbaren Arbeitskräfte, auch die Altersstruktur der verbleibenden Erwerbspersonen verändert sich gegenüber heute. (Der Anteil der Personen unter 25 Jahren fällt von derzeit 11,4 % bis 2030 auf 10,2 %, während sich der Anteil der 55-Jährigen und Älteren von 21,9 % auf 26,3 % erhöht.) Für 2040 ergeben sich jeweils Anteile von rund 11 % beziehungsweise rund 25 %[4]. Anzumerken ist dazu allerdings, dass es nach heutigem Forschungsstand keine Anzeichen gibt, dass die Produktivität der Arbeitskräfte mit dem Alter in einer Weise abnimmt, die für die Mehrzahl der Berufe in Industrie und Dienstleistungssektor von Bedeutung wäre. Wichtiger für die zukünftige Produktivitätsentwicklung dürften hingegen die Qualifikationen der Erwerbspersonen sein. Aufgrund eines langjährigen Trends zur Höherqualifikation sind die derzeit ins Erwerbsleben eintretenden Personen im Durchschnitt besser qualifiziert als die bereits vorhandenen Arbeitskräfte. Dies liegt vor allem an einem gestiegenen Anteil von Personen mit Hochschulabschluss, der derzeit

---

[4]Werding (2019, S. 10).

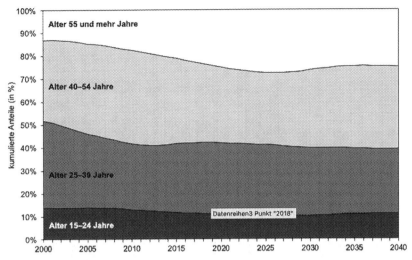

Quellen: bis 2015 [16; 18], ab 2016 [20] (Referenzszenario).

Abb. 2.2 Demographischer Wandel. Werding (2019)

bei gut 25 % liegt. Der Anteil derer, die das Bildungssystem ohne berufsqualifi-
zierenden Abschluss verlassen, ist mit rund 16,5 % in den letzten Jahren dagegen
unverändert hoch geblieben, während der Anteil derer mit abgeschlossener Lehre
oder vergleichbarer beruflicher Ausbildung auf unter 60 % gesunken ist[5].

Keine der vorgestellten Entwicklungen ist aus heutiger Sicht unverrückbar.
Mit der Zeit können sich mehr oder weniger große Abweichungen in verschiedene Richtungen ergeben. Günstige Änderungen lassen sich zumindest teilweise
sogar gezielt ansteuern, um die Folgen des demografischen Wandels für den
Arbeitsmarkt zu begrenzen. Die wichtigsten Stellschrauben zur Beeinflussung des
zukünftigen Arbeitsangebots sind die Erwerbsbeteiligung von Frauen und älteren Arbeitskräften, bei denen noch gewisse Spielräume für weitere Erhöhungen
bestehen. Hinzu kommt die Möglichkeit der verstärkten und wahrscheinlich zu
kontrollierender Zuwanderung.

Für die Steigerung der Frauenerwerbsbeteiligung sind sowohl der Staat als
auch Arbeitgeber gefragt, die durch Betreuungsinfrastruktur und andere Beschäf-
tigungsarrangements erwerbswilligen Frau – und zugleich auch Männer mit

---

[5]Werding (2019, S. 11).

steigender Familienorientierung – mehr zeitliche Flexibilität geben, um Familie und eine möglichst umfangreiche Berufstätigkeit zu vereinbaren. Fällt die Zuwanderung höher aus als in der Relevanzvariante unterstellt, wird die Schrumpfung gedämpft – sogar noch stärker, als wenn die Frauenerwerbsbeteiligung bis dahin massiv ansteigt. Arbeitnehmer sollten sich in ihrer Lebensplanung frühzeitig auf eine längere Erwerbsbeteiligung einstellen. Aber auch die Arbeitgeber müssen im Kampf um Fachkräfte Arbeitsplatzgestaltung, betriebliche Abläufe und Personalmanagement umfassend anpassen, um auf breiter Basis ein längeres Arbeiten zu ermöglichen. Soweit dies gelingt, können Anhebungen der Altersgrenze bei weiter steigender Lebenserwartung nach 2030 den Rückgang der Erwerbspersonenzahl über das Jahr 2040 hinaus weiter abdämpfen.

2.6 Technologischer Wandel

Der technologische Wandel ist einer der zentralen Aspekte für die Umsetzung der Work-Life-Integration. Seit Erfindung und Markteinführung des Smartphones im Jahr 2007, das auch non-professionals im Fotografieren oder Filmen die Möglichkeit gibt, Tätigkeiten zu übernehmen, die vorher nur Profis mit teuren Geräten vorbehalten war, einhergehend mit der Verbreiterung von Tablets ab ca. 2012 und parallel der Verbesserung und Verbreiterung von stabilen W-LAN Verbindungen ist ortsunabhängiges Arbeiten an nahezu jedem Ort nicht nur möglich und ohne besondere IT-Kenntnisse tatsächlich umsetzbar, sondern auch kulturell zunehmend akzeptiert. Während Arbeiten vor 2005 außerhalb des Büros oder des Home-Offices verpönt war und entweder verheimlicht, stigmatisiert oder lächerlich gemacht wurde, ist im Zuge des Buches von Sascha Lobo „Wir nennen es Arbeit"[6] eine veränderte Arbeitsweise ins Bewusstsein einer breiteren Öffentlichkeit gekommen.

Das Mooresche Gesetz[7] des immensen technologischen Fortschritts kann schnell belegt werden. Während die Latenzzeit nach Beginn der Industriellen Revolution, in England etwa 1800, bis also in Heimarbeit von Hand betriebene Webstühle durch Maschinen gänzlich ersetzt wurden, etwa 50 Jahre benötigte, begann Anfang der 1980er Jahre der Siegeszug des PC, der fünfzehn Jahre

---

[6]Lobo und Friebe (2006)

[7]Das mooresche Gesetz besagt, dass sich die Komplexität integrierter Schaltkreise mit minimalen Komponen-tenkosten regelmäßig verdoppelt, m.a.W. der technologische Fortschritt immer schneller geht.

brauchte, bis er sich auf nahezu jedem Schreibtisch wiederfand. Die Verbreitung von Social Medien wie Facebook benötigte nur noch etwa sieben Jahre, das Smartphone brauchte fünf Jahre und das iPad nur noch drei Jahre, bis es z. B. die Lesegewohnheiten von Zeitungen revolutionierte.

Das eine ist das Bewusstsein, das andere die tatsächlichen technischen Möglichkeiten. Neue Kommunikationsformen durch Twitter, Slack, Whats App, Breitband Technologien bei stark fallenden Preisen[8], aber eben auch traditionelle Informationstools wie das Medium Fernsehen verändert sich rasant. Während bis zur Etablierung der Mediathek pünktliches Erscheinen vor dem Fernseher notwendig war, um seine Lieblingssendung anzusehen, ist heutzutage der Spruch, „ich habe den Film/die Sendung live gesehen" eine Aussage, die zum Lachen von manchen Personen führt, so abwegig ist für einige Live-Fernsehen heutzutage.

Das Entscheidende ist aber die ständige Möglichkeit, das Arbeitsmittel nutzen zu können, wo immer man möchte, ob auf Reisen, am Strand, beim Warten, im Zug oder in eigens hierfür eingerichteten Working Coffee Shops, die, wie das Oberholz am Rosenthaler Platz in Berlin auch gleichzeitig Conference Räume, Seminarräume und Übernachtungsmöglichkeiten bietet.

Infolge der Notwendigkeit, innerhalb des Lockdowns mit Mitarbeitern, Kollegen, Kunden und anderen Stakeholdern zu kommunizieren, haben sich Online-Meeting Tools, die es zwar schon seit vielen Jahren gab und auch genutzt wurden, boomartig durchgesetzt, so dass von der Grundschule bis hin zum Hobbyverein Online-Meetings abgehalten werden. Wir glauben nicht, dass das Online-Meeting gänzlich den persönlichen Austausch ablösen wird. Dafür sind Menschen zu sehr gesellige Wesen und ein persönlicher Kontakt ist immer intensiver. Doch viele überflüssige Meetings und Reisen können eingespart werden, was zu höherer Effizienz, Kostenreduzierung und damit zu der Möglichkeit führt, Zeit effektiver für Life-Aktivitäten zu nutzen.

Unkonventionelle Arbeitsmodelle sind also überall möglich und werden von zig-Millionen Menschen betrieben, seien es Online Unternehmer, Blogger/Journalisten, aber sogar traditionelle Tätigkeiten, wie Beratung, Kunstkreation oder Lehrtätigkeiten sind heutzutage nicht mehr ortsgebunden.

---

[8]Z. B. Vodafone Red L 2014: 8 GB für 69,99 € im Vgl. zu heute Red L 2020: 45 GB für 59,99 €
https://www.lte-anbieter.info/lte-news/vodafone-red-alt-neue-tarife-im-vergleich
https://www.vodafone.de/privat/tarife/vodafone-red-l.html

2.7   Arbeitsweltenwandel

Während bis tief in die Zehner Jahre des neuen 21. Jahrtausends, und vielfach bis heute, der stringente, kontinuierliche Werdegang mit Karriereschritten alle drei bis fünf Jahre, bis man bis etwa Mitte 40 den Zenit seiner Karriere erreicht hat, um dann diese Ebene so lange wie möglich zu konservieren, hat sich in den letzten zehn Jahren zunehmend eine projektbasierte, manchmal ortsunabhängige Arbeitsweise als Alternative etabliert. Zwischen zwei Anstellungen legen Personen oftmals eine Pause ein, ein Sabbatical, das dazu genutzt wird, mit der Familie Zeit zu verbringen, Beziehungen zu pflegen oder (s)eine Community zu unterstützen. Manchmal wird diese Zeit kombiniert mit der staatlich geförderten Elternzeit, um den Akku aufzuladen, soziale Projekte zu gestalten oder durch Weiterbildungen neueste Entwicklungen im jeweiligen Fachgebiet aufzunehmen und so wieder auf dem aktuellen Stand der Entwicklung zu sein. Für solche Projektbiografien sind fünf Voraussetzungen nötig:

- Eine Pause im Arbeitsprozess (Sabbatical) wird nicht per se stigmatisiert
- Die Unternehmen müssen damit umgehen können, insbesondere langfristige Aufgaben sind nicht mehr im Fokus
- Ein sehr diszipliniertes persönliches Financial Planning, das Projektphasen, in denen ein z. T. deutlich überdurchschnittliches Gehalt erzielt wird, nicht als kontinuierliches Einkommen misszuverstehen (siehe Abschn. 4.2)
- Viel mehr als in der Vergangenheit müssen Kompetenzen und Leistungsfähigkeit evaluiert werden und nicht nur der stringente, auf die nächste Position passende Lebenslauf
- Teamfähigkeit, Teaming und die Akzeptanz von Peers und Peergroups bestimmen den Einsatz und die Kontinuität einer Projektarbeit mehr als der Vorgesetzter, den es in der klassischen Form wie wir ihn heute kennen, in der Zukunft kaum noch geben wird (siehe Abschn. 4.3)

Wie in 2.6 beleuchtet, führen technologischer und Wertewandel zu neuen Arbeitsformen und lösen gleichzeitig traditionelle Arbeitsmodelle ab. Das ist und wird für viele Branchen und Arbeitsformen schmerzhaft. Aber statt zu jammern, sollten wir alle lieber die Chancen der neuen Arbeitsmöglichkeiten erkennen und nutzen. Adaption auf neue Umweltbedingungen sichert, wie im Tierreich, das Überleben und bringt neue Chancen. Arbeit, Freizeit, Familienleben, bei den Digitalen Nomaden sind die Grenzen fließend. CoWorking Spaces werden, wie in den vergangenen zwei Jahren, in denen sich die CoWorking Space Anzahl vervierfacht hat, weiterhin stark zunehmen[9]. Zum einen, weil geteilte Fläche für alle günstiger ist, zum anderen ist der Austausch untereinander bereichernd, auch um Themen zu evaluieren, Kritik, aber auch Bestätigung zu erhalten.

2.8 Unternehmensformen

Um einordnen zu können, in welcher Konstellation Work-Life-Integration überhaupt möglich und sinnvoll erscheint, unterscheiden wir Unternehmen wie folgt:

Caring Unternehmen Dabei handelt es sich um konventionelle Unternehmen. Japaner sprechen vom Corporate Life. Diese Firmen stellen nicht Personen für Positionen ein, sondern schauen auf die Persönlichkeit, mit der sie in den kommenden 20, 30, 40 Jahren kontinuierlich zusammenarbeiten möchten. Gerade die Firma VW, Beiersdorf und zur Jahrtausendwende IBM sind Paradebeispiele für Caring Unternehmen. Manager wechseln alle drei Jahre ihre Führungsaufgaben. Dabei übernehmen sie z. T. inhaltlich ausgesprochen unterschiedliche Positionen und erweitern ihren eigenen gedanklichen Radius. Sie werden geistig immer wieder durch neue Aufgaben herausgefordert, um sukzessive aufzusteigen. Bei der Einstellung solcher Nachwuchsführungskräfte geht es nicht primär um die fachlichen Kompetenzen. Sondern es geht darum, für mittel und hochqualifizierte Tätigkeiten, für die kaum Fachkräfte am Arbeitsmarkt zu finden sind und wenn man dazu noch in einer geografisch unattraktiven Randlage sitzt, durch langfristige Mitarbeiterbindung weit über das eigentliche Arbeitsumfeld hinaus Retention Management[10] zu betreiben. Ob die spezifische, in einem Studium erworbenen Kompetenz jemals in einer konkreten Funktion genutzt wird, ist vollkommen unklar. Vielmehr wird bewertet, ob ein potenzieller Mitarbeiter die gedankliche Flexibilität, die Leistungsbereitschaft, Change-Vermögen, Führungskompetenzen und Biss mitbringt. Die Zusammenarbeit ist auf Langfristigkeit ausgelegt. Die Kernfrage ist, passt der jeweilige Kandidat kulturell zum Unternehmen und seinen Werten. Spezifisch ist, dass sich das Unternehmen um den Mitarbeiter kümmert. Auch wenn gerade nicht die nächste Position frei ist, wird man geparkt. Die Firma unterstützt womöglich durch einen zinsgünstigen Kredit für eine Immobilie, gewährleistet eine soziale Integration des Mitarbeiters und seiner Familie

---

[9]https://www.bundesverband-coworking.de/2020/06/zahl-der-coworking-spaces-hat-sich-vervierfacht/
[10]Lipkau (2019, S. 166 ff.).

in den Ort, Unternehmenskindergärten, Unternehmenssportvereine oder Ferien-
wohnungen, die den Mitarbeitern zu Sonderkonditionen angeboten werden, sind
Teile der Angebotspalette. Solange man dabei ist, wird man nicht hängen gelas-
sen, möglichst vom Traineeprogramm bis zur Rente oder individuell abgestimmt,
darüber hinaus[11].

Fluide Unternehmen hingegen sind dadurch gekennzeichnet, dass sie weniger
langfristig agieren. Diese Unternehmen sind nicht notwendigerweise auf Dauer
ausgelegt, sondern möchten einen kurzfristigen Trend bedienen, eine Branche dis-
ruptieren oder eine Innovation vorantreiben. Mitarbeiter werden weniger nach
kultureller Passung und langfristiger Kooperation ausgewählt, sondern primär
nach bestimmter sehr eng definierter Kompetenz. Man kann von Projektarbeitern
sprechen oder Jobnomaden. Selbstverständlich möchte sich keine Organisation
ein faules Ei ins Netz legen, aber die Auswahlschwerpunkte liegen in klar umris-
senen Erfahrungen, Kompetenzen oder auch Netzwerk, die sehr zügig nutzbar
gemacht werden können. Der mit für beide Seiten auch finanziell attraktiven
Konditionen unterfütterte Auftrag endet, wenn nach einem vorher fixierten Zeithorizont festgelegte Ziele erreicht worden sind, ohne dass es einer Kündigung oder
eines Arbeitsrechtsstreites bedarf. Beide Seiten wissen woran sie sind. IT-Systeme
werden künftig im Zentrum stehen, um algorithmenbasierte, intelligente Personal-
planungssysteme zu nutzen. Das ideale Team wird nach Kompetenz, Kultur, Alter
und Geschlecht zusammengestellt und deren optimale Auslastung gesteuert.[12]

Arbeitsgemeinschaften, die keine juristische Form entsprechen, also keine juristische Person sind, und doch eine Gemeinschaft an Personen verbindet, die eine
konkret formulierte Aufgabe = Arbeit erfolgreich liefert, also, Termin-, Kosten-
und Qualitätsgerecht.

Eine Arbeitsgemeinschaft wird primär projektbezogen gebildet und nach
erfolgreicher Lieferung wieder aufgelöst. Diese sind oft in rechts-, steuer- oder
unternehmensberatenden Berufen, aber auch bei Ärzten und Bauunternehmen zu
finden. Der Reiz der (vermeintlichen) persönlichen Unabhängigkeit mag diese Art
der Zusammenarbeit noch verstärken.

Cyber Unternehmen, die vollkommen autonom ‚arbeiten', bzw. funktionieren,
ohne dass sie an einem Ort oder in einer Zeit noch an spezifische Personen gebunden sind. Hierzu zählen Finanzdienstleister – u. a. Clearing-Unternehmen oder

---

[11]Jánszky (2014, S. 43).

[12]Jánszky (2014, S. 39).

auch Bitcoin-Anbieter – Software-Distributeure, Search-Engines, Social-Media-Plattformen und dergleichen. Cyber Unternehmen entstehen bewusst und sind zielgerichtet. Sie agieren zumeist in einem digitalen Rahmen, zwar unter Einfluss eines Menschen, jedoch 24/7 und im Status eines Kontinuums – bis zur Anfälligkeit oder Korrekturerfordernis, d. h. Update, wobei Menschen eingreifen müssen, noch. Das System selbst und das 100 %ige Funktionieren des Systems ist essenziell und zwingend. Der Mensch, die Zeit und der Ort sind weitgehend nebensächlich und Mittel zum Zweck. Hier wird der Mensch zur Arbeit situativ gefordert, womit ein Höchstmaß an Verfügbarkeit, Arbeitsgemeinschaft und spezifische Qualifikation gefordert wird.

Ich-Unternehmer Viele Berufe sind heute unabhängig von einer betrieblichen Infrastruktur organisierbar. Man benötigt oftmals nur einen Laptop, eine Internet-Verbindung und sein Gehirn. Plattformen und Kommunikationsmöglichkeiten sind unbegrenzt vorhanden. Viele dieser Ich-Unternehmer arbeiten projektbezogen für einen begrenzten Zeitraum an einer bestimmten Tätigkeit mit der von ihnen angebotenen spezifischen Kompetenz. Voraussetzung hierfür ist die ständige Weiterbildung, da der Anbieter sonst den Anschluss verliert sowie Eigenmarketing. Hierfür wird es jeweils Anbieter geben. Zum Teil existieren diese bereits in Form von Executive Education Anbietern und Projektvermittlern. Beides wird aber sicher weiter ausgebaut und digitalisiert.

Auswirkungen der Work-Life-Integration

3

3.1 Digitalisierung

Bis zum Ausbruch des Corona Virus im Februar 2020 haben viele Kommentatoren immer wieder davon gesprochen[1], dass die Digitalisierung die Arbeitswelt verändern wird[2]. Niemandem war jedoch klar, wann dies geschehen wird. Eher graduell mit einem Zeithorizont von 10 Jahren oder durch bahnbrechende Erfindungen deutlich schneller? Viele haben den 5G Standard der Telekommunikation als essenziell für die digitale Entwicklung gesehen. Die endlosen Diskussionen in der jüngeren Vergangenheit über Home-Office oder nicht haben viele Unternehmen an ihre tradierten Organisationsformen festhalten lassen oder sind, wie Yahoo[3], einst eines der innovativsten Unternehmen der Welt, wieder zum Präsenzoffice zurückgekehrt, und haben somit in der Essenz makro- und mikroökonomisch immer wieder Innovationen erschwert. Corona hat in dieser Hinsicht nach Anpassungen und Änderungen verlangt und somit ungewollt der Digitalisierung einen deutlichen Schub eingebracht. Nach Meinung von Staatsministerin Dorothee Bär wird Dank Digitalisierung vor allem auch für Frauen die Vereinbarkeit von Karriere und Familie deutlich einfacher werden[4].

Klar dürfte sein, dass immer leistungsfähigere, tragbare und konvergente Geräte, wie iPads Pro u. ä. sowie schnelles Internet die Möglichkeiten für

---

[1]Rohleder: „Digitalisierung bietet auch die Möglichkeit, erstmals seit Jahrzehnten Produktionen und Wertschöpfung – und damit Arbeitsplätze – zurück nach Deutschland zu holen, wie die Produktivität durch Digitalisierung steigt".

[2]Berger (2017).

[3]https://www.sueddeutsche.de/karriere/yahoo-chefin-schafft-home-office-ab-mit-der-peitsche-zurueck-ins-buero-1.1609777

[4]Bär (2019).

© Springer Fachmedien Wiesbaden GmbH, ein Teil von Springer Nature 2020
M. Busold und M. Husten, *Work-Life-Integration*, essentials,
https://doi.org/10.1007/978-3-658-32469-8_3

Arbeit an jedem Ort eröffnet haben. Diejenigen Personen, die mit dieser Freiheit umgehen können, erzielen ein großes Maß an Flexibilität und Selbstbestimmung. Weitere digitale Innovationen, wie Künstliche Intelligenz, Industrial IoT und immer neue Social-Media Kanäle werden ihren Beitrag leisten. Es bleibt abzuwarten, inwieweit all diese Veränderungen unser Leben beeinflussen, für Work-Life-Integration ist die zu erkennende technische Entwicklung jedenfalls der Schmierstoff.

3.2   Urbane Infrastruktur

Wir stehen am Anfang einer neuen Urbanität. Dabei ist die Frage, was bedingt was. Die veränderten Arbeitsgewohnheiten, die Corona-Krise weltweit, die Digitalisierung und der Klimaschutz werden einen Einfluss auf Entscheidungen von urbanen Infrastrukturplanern und Kommunalpolitikern haben. Andersherum werden moderne Infrastrukturmodelle Auswirkungen auf unsere Lebensgewohnheiten haben. Verkehr und Mobilität werden sich wandeln. Einerseits aufgrund von Vernunft und andererseits durch Angebote und politische Steuerung. Um bspw. die Beförderung durch Uber zu ermöglichen, muss das Personenbeförderungsgesetz geändert werden. Wenn man dies nicht möchte, wird Uber – oder ein vergleichbares Angebot – in Deutschland nicht möglich sein, wenn man Uber nicht möchte, wird der Gesetzgeber das Personenbeförderungsgesetz nicht ändern. Change-Bereitschaft, ohne Scheuklappen Konzepte zu erstellen, die neue Chancen eröffnen und gleichzeitig aber auch die Bevölkerung mitnehmen, Skepsis und Ängste reduzieren, Möglichkeiten offen legen, wird Aufgabe der Politik und begleitende Institutionen in den kommenden 5–10 Jahren sein, um die Weichen für unser Leben im Jahre 2050 zu stellen.

Work-Life-Integration ist dabei ein Schlüsselfaktor. Menschen werden zunehmend das Bedürfnis verspüren, kompakt zu leben. Das bedeutet, Arbeit, Familie, Freizeit, Kinder- und Elternbetreuung innerhalb eines geringen Radius organisieren zu können. Die Überwindung von Distanzen – zwar technisch heutzutage problemlos möglich – kostet sehr viel Zeit. Zeit, die wir in andere, nutzbringendere Tätigkeiten investieren können. Der Klimaschutzgedanke bestärkt diese Sichtweise. Die Coronakrise hat zudem gezeigt, dass die aus den Fugen geratene Reisetätigkeiten einer bestimmten Klasse letztlich für die Pandemie mitverantwortlich war. Eine Maßnahme zur Eindämmung der Pandemie wird sein, dass die unkontrollierte Reiserei von Menschen reduziert wird. Dies gilt global, national, aber eben auch regional, im Taxi. Die langjährige Propaganda nach massivem Ausbau des Öffentlichen Nahverkehrs ist durch Corona zum Erliegen gekommen.

Vielmehr hat sich der individuelle Transport als viel sicherer erwiesen. Auf der anderen Seite wird es in Ballungsgebieten zunehmend enger. Die urbanen Straßen sind mit parkenden Autos vollgestopft, zu Urlaubszeiten die Autobahnen. Die tatsächliche Nutzung vieler Produkte – eben auch Autos – ist gegenüber der Besitzzeit des Gegenstandes verschwindend gering. Die Share-Ökonomie nimmt Gestalt an. Wie oben beschrieben, ist ein deutlicher Wertewandel vom Haben zum Nutzen zu erkennen, da es nicht mehr sinnvoll erscheint, einen Gegenstand zu besitzen und Lagerkapazitäten zu blockieren, nur um diesen Gegenstand selten oder fast nie zu nutzen. Dies ist gesamtwirtschaftlich gesehen ineffizient und somit ökonomisch abzulehnen. So wie eine Bohrmaschine, die man nur 17 min tatsächlich verwendet (und nach Gesamtnutzung von 22 min kaputt geht) verhält es sich auch mit dem Auto. Individuell unterschiedlich, steht es zweifelsfrei die Mehrheit der Zeit rum und benötigt Platz, der in jedem Fall besser nutzbar ist. Mobilität ist aber ein tiefes menschliches Bedürfnis. Somit wird es Konzepte geben müssen, die die Möglichkeit der unmittelbaren Zurverfügungstellung von Fahrzeugen ermöglichen und gleichzeitig keinen privaten Besitzstand nach sich ziehen. Eventuell gibt es Konzepte, die die kurze Strecke mit Fahrrad, Roller, Kleinauto abdecken und größere Strecken mit Autos, die der jeweilig notwendigen Nutzung zur Verfügung gestellt werden.

Ebenso, wie sich das Mobilitätsverhalten ändern wird, müssen Wohnkonzepte geändert werden, um zu einer optimalen Voraussetzung für Work-Life-Integration zu gelangen. Während über viele Jahre Wohnungen eher mit vielen kleinen Zimmern ausgestattet wurden, ging in den vergangenen 15 Jahren der Trend hin zum großzügigen Wohnen mit offener, in den Wohn- und Ess-Raum integrierter Küche. Neubauten werden in letzter Zeit nahezu ausnahmslos derart errichtet. Diese Architektur ist jedoch für das Work-Life-Integration Modell ungeeignet, da das Home-Office Modell viel stärker werden wird. Dies erfordert zum einen mehrere, kleinere Rückzugs-Zimmer, aber auch die Lösung des Lichtemissionsproblems. In Ballungsgebieten wird Noise und Light-Pollution zu einem relevanten Thema, da die Nachbarschaft ein grelles Licht oder das Kratzen eines Druckers um 2 Uhr nachts als sehr störend empfindet. Innenliegende Zimmer, akustisch besser gedämmte Wände, individuelle Hörverfahren, nicht nur Kopfhörer, können Lösungsansätze sein.

Statt alles in die eigenen vier Wände zu verlegen, können wohnortnahe Micro-Büros ein Lösungsansatz sein. Womöglich sogar in demselben Haus, wie die Wohnung. Analog zu dem Schuhmacher im 17 Jahrhundert würde dies Anfahrtszeiten, Verkehr, Stress und Kosten drastisch reduzieren. Work-Spaces, nicht nur in der Innenstadt, sondern in jeder Straße, für das Zurückziehen aus der eigenen

Wohnung, für Meetings und zum Socialising dürften entstehen und die eigene Wohnung entlasten.

Wir werden aber auch eine Stärkung des ländlichen Raums erleben, weil es gar nicht mehr notwendig sein wird, in den Städten zu leben. Die Überhitzung der Städte wird wohl gestoppt werden können[5].

3.3   Kinder-Elternbetreuung/Partnerschaften auf Zeit

Zweifellos hat sich in den ersten zwanzig Jahres dieses Jahrhunderts vieles verändert, was wir bisher als gegeben angesehen haben. Die Scheidungsrate ist zwischen 1960 und 2010 von 10 % auf 46,45 %[6] gestiegen. Seitdem verharrt sie auf diesem Niveau recht konstant. 2008 hat die Bundesregierung – zur damaligen Zeit eine SPD Justizministerin – das Scheidungsrecht dahin gehend signifikant geändert, dass die Frau nicht mehr nach der Scheidung lebenslang durch den im bisherigen Regelfall besser (oder alleine) verdienenden Ehemann alimentiert wird[7], sondern nach kurzer Zeit für ihr Leben finanziell selber sorgen muss. Einige Frauen wachen im Zuge einer Scheidung erschrocken über diesen Sachverhalt auf, da sie glaubten, mit der Heirat ein lebenslanges Versorgungspaket gebucht zu haben. Auch hier kann die Frage gestellt werden, ob die Politik die neue Realität durch ein neues Gesetz abbildet oder die Politik durch ein neues Gesetz eine neue Realität schaffen möchte. Jedenfalls ist sicher, dass Frauen etwa seit 1970 durch eine Öffnung der Gesellschaft zu einer besseren Ausbildung zunehmend eine Mann-unabhängige Ausbildung anstreben. Die alte Weisheit, du wirst doch sowieso heiraten, daher brauchst du keine besondere Ausbildung und schon gar kein Studium, von einer Mitgift ganz abgesehen, ist spätestens seit den 70er Jahren des zwanzigsten Jahrhunderts überholt. Frauen haben im Mittel bessere Noten als Männer, sind zielstrebiger und präsentieren sich in Vorstellungsgesprächen besser. Paritätsbemühungen im politischen Kontext und Quoten in Vorständen führen zu einer starken Nachfrage nach sehr gut qualifizierten Frauen.

Inzwischen haben sich neo-klassische Frauenberufe herausgebildet: Lehrer, Arzt und Richter und zwar, weil diese Berufe in Form der Anstellung beim Staat und einer klaren Schichtzuordnung bzw. einer sehr eindeutigen Festlegung der

---

[5]Bär (2019).

[6]https://de.statista.com/statistik/daten/studie/76211/umfrage/scheidungsquote-von-1960-bis-2008/

[7]§ 1569 BGB Grundsatz der Eigenverantwortung: Nach der Scheidung obliegt es jedem Ehegatten, selbst für seinen Unterhalt zu sorgen.

jeweiligen Stundenzahl optimale Work-Life-Integration bieten, nämlich durch die Möglichkeit einer sehr individuellen Determinierung der jeweiligen Arbeitsbelastung je nach Notwendigkeit des Arbeitsaufwandes und anderer konkurrierender Zeitbelastungen.

Dabei sollten wir nicht nur auf die Kinderbetreuung schauen, sondern ebenso auf die wachsende Elternbetreuung. Statistisch wird mindestens ein Großelternteil von vieren einer Familie ein Betreuungsfall[8]. Dieser Zeitaufwand, manchmal parallel zur Kinderbetreuung, manchmal konsekutiv, fordert oftmals insbesondere die Frau. Viele Familien erkennen aber deutlich, dass die Frau nicht die gesamt Last – Kinder und Elternbetreuung, Haushalt und Arbeitsleben – tragen kann. Und dies auch noch an sehr unterschiedlichen Orten mit mehr oder weniger großer Distanz. Dieses Setting ist nur möglich, wenn zum einen eine sehr hohe zeitliche Flexibilität gegeben ist und zum zweiten die Gesellschaft und der Arbeitgeber den Anforderungen der Familie Rechnung tragen. Die Familie wägt ab, welches konkrete Setting – beide Ehepartner 50 % arbeiten, einer 100 % und der andere quasi Null oder etwas dazwischen – um sowohl die Arbeitsanforderungen als auch die familiären Verpflichtungen bestmöglich zu erfüllen. Noch in den 50er Jahren wurden viele Arbeiten im Haushalt von einer Angestellten übernommen. Infolge der sozialpolitisch begründeten Entprekarisierung solcher Arbeitsverhältnisse durch Mindestlöhne, Anmeldezwang, steuer- und sozialversicherungspflichtige Einkommen und Arbeitsrechtsvereinbarungen sind Haushaltsangestellte nur einer kleinen hochvermögenden Schicht vorbehalten. Somit muss die Familie mit eigenen Mitteln die Herausforderungen meistern.

Da nun viele Frauen nahezu gleichgestellte Positionen einnehmen, wie Männer, besteht keine Zwangsläufigkeit, dass immer nur die Frau keine Karriere macht und die Haushaltsarbeit und Betreuung übernimmt. Vielmehr sollte in einer Partnerschaft geklärt werden, wie in der Gegenwart, aber auch in der Zukunft die Verteilung der notwendigen Tätigkeiten verteilt werden soll. Dies noch mehr vor dem zunehmenden Phänomen der Patchworkfamilien, die gerade durch eine unterschiedliche Biografie geprägt sind und nun eine neue Konstruktion finden müssen.

All diese Erkenntnisse sind Bestandteil der Work-Life-Integration. Strikte acht Stunden Arbeit, dann zwei Stunden Kinder, dann eine Stunde (Groß-)mutter und danach noch eine Stunde Haushalt ist letztlich unmöglich. Vielmehr fordern Menschen zu sehr unterschiedlichen Zeiten und in unterschiedlicher Intensität

---

[8]https://www.zeit.de/gesellschaft/zeitgeschehen/2020-03/pflegeeinrichtungen-deutschland-pflegebeduerftige-altenpflege
https://de.statista.com/themen/172/senioren/

Aufmerksamkeit. Womöglich die Mutter (Oma) zur Mittagszeit, die Kinder am Nachmittag, manchmal mehr und manchmal weniger Betreuung. Aber die Arbeit hat keine konkrete Zeit und kann auch abends oder in freier Zeiteinteilung verrichtet werden. Wir müssen durch diese Veränderungen postulieren, dass Flexibilität und die Fähigkeit, schnell umschalten zu können, eine der Voraussetzungen für Work-Life-Integration ist. Die Fähigkeit, nicht wie im Regelfall bisher konsekutiv, sondern situativ-interruptiv zu arbeiten, ist essenziell.

3.4   Gesundheit

Work-Life-Integration soll nicht als Ständig-Verfügbar-sein missverstanden werden. Dennoch sollten die Folgen einer hohen Beanspruchung von Körper, Geist und Seele durch das Verfolgen von zahlreichen Aktivitäten und Handlungsoptionen analysiert werden.

Vor einigen Jahren machte der Volkswagen Konzern von sich Reden, als – in Abstimmung mit dem Betriebsrat – verordnet wurde, dass nach 18:15 Uhr auf Diensthandys von Tarifmitarbeitern keine E-Mails mehr versendet werden[9]. Der Sinn hinter dieser Anordnung war, den vermeintlich überemsigen Mitarbeiter vor einer angeblichen Selbstausbeutung zu schützen und ihn zu dem wohlverdienten Feierabend mit Familie und Entspannung zu zwingen. Etwa zu derselben Zeit wurde von einem Praktikanten bei Merrill Lynch berichtet, der sich angeblich buchstäblich zu Tode gearbeitet hatte, im falschen Ehrgeiz durch Übereifrigkeit womöglich nach der Graduierung bei diesem Unternehmen arbeiten zu können. Diese beiden Beispiele suggerieren, dass der Mitarbeiter geschützt werden muss, da er selber nicht weiß, wann er zu viel gearbeitet hat. Kann man sich zu Tode arbeiten kann? Hier kommt jedem sofort die Krankheit Burn-out in den Sinn. Burn-out ist ein Ergebnis von Langzeitstress und ein Warnsignal an den Körper, wenn dieses Warnsignal ignoriert wird, kann es tödlich enden. Demnach zählt Burn-out zur Vorstufe von Karoshi. Karoshi ist besonders in Japan verbreitet, und ist der Tod durch Überarbeitung. Das sogenannte Karoshi-Risiko ist in Deutschland jedoch geringer als in Japan, da protektive staatliche Maßnahmen, wie Arbeitszeitregelungen und Arbeitnehmerschutz, eingeführt wurden. Der Arbeitsmediziner Hans Drexle bestätigt hingegen die Möglichkeit, durch Überarbeitung unter bestimmten Umständen tatsächlich sterben zu können.[10]

---

[9]https://www.heise.de/newsticker/meldung/VW-verzichtet-auf-Email-Versand-auf-Dienst handys-nach-Feierabend-1401194.html

[10]https://www.zeit.de/campus/2013/06/arbeiten-stress-uebermuedung-tod

Stimmt es aber, dass der Mensch nicht selber weiß, was er sich zumuten kann? Die stark gestiegene Zahl von Burn-out Diagnosen innerhalb der letzten zwanzig Jahre lassen eher die Antwort „wohl nicht" vermuten. Eine Studie des Unternehmens Swiss Life von 2019 forschte über Burn-out. Ergebnisse dieser Studie zeigten, dass heutzutage Burn-out mit 37 % der häufigste Grund für eine Berufsuntätigkeit ist. Somit gab es in den letzten zehn Jahren einen Anstieg von 40 %[11]. Als Ursachen des Anstieges von Burn-out Patienten zählen u. a. die Zunahme von Stress und Leistungsdruck und von mangelndem Ausgleich im Arbeitsumfeld. Experten gehen jedoch nicht davon aus, dass Menschen heute öfter psychisch erkranken als früher, die Erkrankungen werden nur heute besser erkannt und somit häufiger diagnostiziert[12]. Psychische Erkrankungen allgemein haben eine jahrelange Krankheitsdauer, weshalb eine Rückkehr zum Beruf selten ist. Jedenfalls hat die Diagnose Burn-out eine sehr große Aufmerksamkeit erfahren, auch durch einige prominente Beispiel[13], die ihre Krankheit publik gemacht haben.

Der Begriff Burn-out tauchte 1960 erstmals als Romantitel des britischen Autoren Graham Green auf („A Burn-Out Case") und wird seither in der medizinischen Literatur verwendet. Doch die darunter verstandene Krankheit existiert schon seit mehreren Jahrhunderten: Anfang des 17. Jahrhunderts kannte man die psychische Erkrankung unter dem Namen Hypochondrie und Melancholie, geprägt durch Molières Werk „Der eingebildete Kranke" von 1673. Zwischen dem 17. und 18. Jahrhundert wurden die Symptome, wie Schlafstörung, Unzufriedenheit, Leistungsabfall etc., Neurose benannt. Im 19. Jahrhundert litten insbesondere höhere Schichten der Gesellschaft an der Nervenschwäche Neurasthenie. Dieser Begriff verschwand in den 20er und 30er Jahre jedoch, da sie nicht der Ideologie der Nationalsozialisten entsprach und Personen mit der Erkrankung als minderwertige Psychopathen bezeichnet wurden. Während der Nachkriegszeit, in den 50er Jahre, verbreitete sich die sogenannte Manager-Krankheit. Wirtschaftliche und politische Entscheidungsträger litten unter Herz-Kreislauf-Probleme, aufgrund der Überbeanspruchung beim Wiederaufbau und Wirtschaftsboom.

Adrenalin ist ein Stresshormon, das in Gefahrensituationen oder im Stress freigesetzt wird, um Höchstleistungen zu erbringen. Zusätzlich wird ein Zugriff auf alle notwendigen Reserven ermöglicht. Die Ausschüttung von Adrenalin kann für positive Gefühle sorgen und wird auch als Rausch bezeichnet, der von vielen

---

[11]Swiss Life Studie.

[12]https://www.spiegel.de/karriere/psychische-erkrankungen-immer-mehr-menschen-berufsunfaehig-a-1264152.html

[13]Z. B. Matthias Platzeck, Miriam Meckel, Tim Mälzer, Sebastian Deisler.

bewusst gesucht wird. Eine häufige oder lange Ausschüttung von Adrenalin schadet jedoch dem Körper, wegen des hohen Blutdrucks und Blutzuckerspiegel, was u. a. zu Herzrasen, Schweißausbrüchen und inneren Unruhen führt.

Positive Anreize des Hirns senden Endorphine aus, die die Leistungsfähigkeit erhöhen und somit stimulierend wirken. Dies mag nur phasenweise sein, kennt aber sicher jeder, der durch einen Erfolg meint, Bäume ausreißen zu können. „Glückliche Menschen sind weniger ängstlich. Weil sie sich glücklich fühlen, denken sie, ‚ich kann das' – und dieses Selbstbewusstsein braucht man, um kreativ zu sein"[14]. Endorphine sind resistenter gegenüber hoher Belastung und haben einen beruhigenden Effekt gegen Stress. Sie sind Botenstoffe, die u. a. bei positiven Ereignissen freigesetzt werden und somit zu den Glückshormonen zählen. Diese Glückshormone helfen bei physischer und psychischer Belastung. Bei regelmäßiger Produktion von Endorphinen, haben aufkommende Depressionen keine Chance.

3.5   Volkswirtschaft

Für eine Volkswirtschaft sind Ineffizienzen ungünstig. Hohe Krankheitsstände, durch müde, belastete und überanstrengte Mitarbeiter, führen einerseits zu hohen Kapazitätskosten bei Unternehmen und belasten darüber hinaus die Krankenkassen. Streiks und Arbeitsniederlegungen, sehr hohe Rekrutierungskosten, frühe Verrentungen und viele andere Aspekte, die zu einer geringeren aggregierten Arbeitskraft der Bevölkerung führen, sind stets kritisch zu betrachten. Darüber hinaus ist aus volkswirtschaftlicher Erwägung die Ausbildung von Menschen eine Investition, die sich, wie jede Investition, rentieren muss, m.a.W. wird durch die Entrichtung von (Einkommen-)Steuern im Arbeitsleben die staatlich finanzierte Ausbildung amortisiert werden müssen. Aus dieser Betrachtung ist z. B. eine akademisch ausgebildete Person, die nicht oder kaum im Arbeitsprozess integriert ist und sich stattdessen um die Kinder und/oder die Pflege der Eltern kümmert, eine Fehlinvestition. Work-Life-Integration kann dabei helfen, durch die weiter unten zu formulierenden Voraussetzungen eine Arbeitsatmosphäre zu schaffen, die es nahezu allen ermöglicht, einer Arbeitstätigkeit nachzugehen und familiäre, private oder wohlfahrtliche Verpflichtungen nachgehen zu können.

Dabei muss verstanden werden, was unsere Zeit von der vor zweihundert Jahren fundamental unterscheidet: Mit der industriellen Revolution um 1800

---

[14]Veenhoven (2019).

entstand der Industriearbeiter und die daraus entstandenen Folgen für die Arbeits-
bevölkerung. Als trinitarische Formel formuliert Karl Marx die Auffassung, dass
die gesellschaftliche Produktion aus den drei Faktoren Kapital, Boden, Arbeit
besteht, welche Profit bzw. Zinsen, Grundrente und Arbeitslohn abwerfen. Die
Unterteilung spielt auf die christliche Lehre der Dreieinigkeit Gottes an[15].

Karl Marx konnte nicht erfassen, dass 130 Jahre später Daten der vierte
gesellschaftlicher Produktionsfaktor werden sollten, obwohl es bereits 1815 ein
Paradebeispiel für die Nutzung von Daten gab[16]. Mit Daten, richtig interpretiert, entsteht Wissen, welches überall zur Verfügung steht. Eine daten- bzw.
wissensbasierte Gesellschaft entsteht. Dadurch ist eine Entkoppelung vom Ort der
Produktion von Daten und deren Nutzung möglich und begünstigt agile Gesell-
schaften. Der Einsatz von künstlicher Intelligenz, komplett maschinenbasiert,
wird diesen Prozess untermauern und beschleunigen. Ebenso, wie das Internet
of Things.

---

[15]Marx (1988, S. 822).

[16]Rothschild wusste 1815 dank seiner Brieftauben als erster von der Niederlage Napoleons
bei Waterloo. Sein Wissen, Daten richtig interpretiert, eingesetzt an der Börse, ermöglicht
einen Handelsvorsprung, der zu einem finanziellen Ertrag an der Börse führte, also eine
indirekte Vergütung für die Investition in Tauben, für Daten. Ein erstes Zeichen, dass
Arbeit und Vergütung nicht unmittelbar gekoppelt sein müssen.

Bedingungen

4

4.1 Unternehmen

Damit die Work-Life-Integration gelebt werden kann, sind von allen Beteiligten – Arbeitnehmern, Arbeitgebern, Gesellschaft und Politik – gezielte Maßnahmen erforderlich. In erster Linie müssen sowohl Arbeitgeber als auch Arbeitnehmer bereit sein, Wege zu gehen, die nicht als normal oder traditionell bezeichnet werden können. Die Work-Life-Integration bringt nur dann den erwünschten Effekt mit sich, wenn man ihr gegenüber offen eingestellt ist und auch neue Möglichkeiten ausprobiert. In der Praxis handelt es sich hierbei zum Beispiel um:

- Flexible Arbeitszeiten: Wie weiter oben bereits beschrieben, ermöglichen es flexible Arbeitszeiten, das Büro zu verlassen, wenn nichts mehr zu tun ist beziehungsweise ein paar Stunden dran zu hängen, wenn das Projekt fertig werden muss. Das Credo der Work-Life-Integration lautet „Vertrauensarbeit statt Stechuhr". Somit sind derzeitige Arbeitsrechtsmaßnahmen des EuGHs, fixe Arbeitszeiten einzufordern, kontraproduktiv und sollten politisch bekämpft werden.
- Home-Office: Für viele ist Home-Office die Maßnahme schlechthin, wenn es um Work-Life-Integration geht. Tatsächlich lassen sich Arbeit und Privatleben hierdurch ausgezeichnet miteinander verknüpfen. Eine ausschließliche Arbeit im Home-Office ist aber weder psychisch sinnvoll noch im Sinne der Work-Life-Integration. Jutta Allmendinger spricht im Zuge des coronabedingten Wachstums der Home-Office Nutzung aber auch von einer Entsinnlichung der Arbeit[1] und plädiert für beides Home-Office, aber auch Büropräsenzzeiten.

---

[1] Leipniz Stiftung.

© Springer Fachmedien Wiesbaden GmbH, ein Teil von Springer Nature 2020
M. Busold und M. Husten, *Work-Life-Integration*, essentials,
https://doi.org/10.1007/978-3-658-32469-8_4

- Telearbeit: Telearbeit ermöglicht das Arbeiten außerhalb des Büros. Anders als Home-Office wird es häufig als dauerhafte Lösung eingesetzt.
- Rückzugsorte im Unternehmen: Immer häufiger bieten Unternehmen ihren Mitarbeitern verschiedene Rückzugsmöglichkeiten an. Diese können in Form von Schlaf- und Ruheräumen, Massagen am Arbeitsplatz, hochwertigem Essen in Betriebskantinen oder besonders ausgestatteten Besprechungsräumen liegen.
- Gesundheitsangebote: Yoga am Arbeitsplatz? Eine kurze Meditation zwischen zwei Meetings? In immer mehr Firmen ist das keine Zukunftsmelodie mehr, sondern gelebte Realität. Auch hier können Ansätze der Work-Life-Integration erkannt werden.
- Kinderbetreuung: Betriebskindergärten sind sicher keine Neuerfindung der Work-Life-Integration, müssen in diesem Zusammenhang jedoch definitiv genannt werden. Sie sorgen dafür, dass Eltern trotz des Nachwuchses ihrer Arbeit nachgehen und im Notfall schnell reagieren können. Für Selbstständige gibt es beispielsweise Angebote in Form von familienfreundlichen Co-Working Spaces.
- Jobsharing: In Teilzeit arbeiten und dennoch eine anspruchs- und verantwortungsvolle Führungsposition innehaben? Für viele klingt das nach einem großen Widerspruch. Work-Life-Integration ermöglicht es in Form von Jobsharingmodellen.
- Agingbetreuung: In unserer älter werdenden Bevölkerung wird die Betreuung der Alten einen immer größer werdenden Raum einnehmen. Kinder wollen aus moralischen oder auch finanziellen Erwägungen solange für ihre Eltern da sein, wie es geht. Work-Life-Integration ist eine Grundvoraussetzung, um die Eltern bei Bedarf betreuen zu können.

4.2 Vergütung

Vergütung, oder Honorar, ist die für eine erbrachte Ware – ein Produkt oder eine Dienstleistung – in Geld zu entrichtende Gegenleistung, die, so im traditionellen Kontext, durch nichtselbstständige Tätigkeit als Angestellter oder als Freiberufler oder Selbstständiger erworben wird. Im digitalen Kontext sind einzelne Maschinen und Maschinen im Verbund, also Systeme, entstanden, die Dienstleistungen selbstständig erbringen, ohne dafür direkt und unmittelbar entlohnt zu werden. Zu erwähnen sind spezialisierte Suchmaschinen und Frühwarnsysteme über Gesundheits- oder Wettermissstände, also Plattformen, die zeit- und ortsungebunden zum Einsatz kommen. Für die Nutzung dieser Systeme wird zumeist eine indirekte Vergütung angestrebt, z. B. durch die Platzierung von Werbung oder durch das Sammeln und Speichern von transaktionsbezogenen Daten[2]. Die zeit- und ortsunabhängige (System-) Transaktion führt zu einer indirekten Vergütung, z. B. eines Softwareentwicklers. Die Entlohnung eines Arbeitnehmers wird vom Arbeitseinsatz zur Herstellung des Primärproduktes entkoppelt. Dieses ist zwar vergleichbar mit dem Verkauf einer Öllampe, wo das Brennöl die ökonomische Grundlage für die Herstellung der Öllampe dient, oder das verkaufte Filmmaterial die Herstellungskosten der Polaroid Kamera legitimiert, nur, im digitalen Kontext geschieht die Vergütung der Mitarbeiter, bzw. des Arbeitgebers 24/7, zeit- und ortsungebunden, also, immer und überall; die Entstehung einer höchst optimierten Transaktionskostenökonomie.

In den letzten Jahrhunderten, hinein in unsere moderne digitale Welt, hat es eine Verschiebung der Vergütungsarten gegeben. Vom Ursprung her betrachtet, geht die Transformation der Vergütungsarten viel weiter zurück. Die Gratifikation für das Jagen und Ernten: die Beute, Früchte und Beeren als Gratifikation, also Vergütung, für die eingesetzte Zeit und der erforderliche Energieaufwand von Jäger und Sammler. Der Tausch von überschüssiger Beute oder Fell gegen Beeren oder Gebüsch führte zur Transaktion Ware gegen Ware, also ein Bartergeschäft. Hierbei entstand der direkte Handel, noch ohne Handelsplatz und ohne Tauschmittel, also Geld. Erst mit Entstehen der Landwirtschaft und der Sesshaftigkeit von Nomaden, wurde der Boden, als Eigentum, der zu verteidigen war, Grundlage einer Ökonomisierung. Der *arbeitende* Jäger wandelte sich zum Bodenarbeiter. Die Ernte wurde zur Ware, die gegen andere Waren getauscht werden konnte. Parallel entstanden Geld und Handelsplätze, also Börsen. Dass die Vergütung der Arbeit und der Arbeiter allein durch die Nutzung von Daten möglich ist, steht uns verstärkt bevor. Persönliche Arbeit und die damit einhergehende Vergütung wird in einer Work-Life integrierten Welt keine zwingende Voraussetzung sein. An dieser Stelle muss das Thema Mindestlohn oder Grundrente erwähnt werden. Hierbei wird allein die Zugehörigkeit zu einer Lebensgemeinschaft ausreichende Voraussetzung sein, um versorgt zu werden. Zumindest Ansprüche auf den unteren Ebenen der von Maslow entwickelten Bedürfnispyramide sollten systembedingt befriedigt werden können. Die Vergütung erfolgt durch die Zugehörigkeit zur

---

[2]Sehr spannend ist in diesem Zusammenhang die Ausschreibung der neuen Lichtanlage am Panama Kanal. Wie üblich bewarben sich die drei führenden Lichtproduzenten und erstmalig, zum Erstaunen aller, ein Software Konzern, der gar keine Lichtquellen produzierte. Dieser bot die Lichtanlage kostenfrei an, wollte aber als Honorar die Nutzung der Daten für einen langen Zeitraum.

Gesellschaft, also zur Sozialgemeinschaft, nicht zwingend als Arbeitnehmer einer Firma[3].

In Deutschland erfolgt seit 1957 die Organisation der Vergütung über die Lohnabrechnung seitens des Arbeit gebenden Unternehmens gegenüber dem unselbstständigen Beschäftigten. Selbstständige schicken ihrem temporären Auftraggeber eine Rechnung. Sie müssen die Einkommensteuer sowie die Sozialversicherungsbeiträge selber abführen, wofür sie große Verantwortung übernehmen und auch sozialversicherungsrechtlich geradestehen müssen. Der Angestellte hingegen wälzt diese Verantwortung auf den Arbeitgeber ab. Dies geht soweit, dass etwaige nicht gezahlte Sozialversicherungsbeträge des Arbeitnehmers bei späterer Überprüfung durch die Rentenversicherung vom Arbeitgeber abgeführt werden muss. Hierzu gibt es einige spektakuläre Fälle.

Im Zuge der Work-Life-Integration und, wie oben beschrieben, der daraus folgenden Änderungen im Arbeitsprozess hin zu immer mehr Projekt-Tätigkeiten, werden sich auch die Vergütungsmethoden ändern. Die zum Teil sehr hohen Vergütungen für einen bestimmten, abgegrenzten Zeitraum dürfen beim Empfänger nicht zu Übermut führen. Einige Menschen sind jedoch nicht in der Lage, diesen hohen Geldzufluss verantwortungsvoll zu organisieren. Hierfür schlagen wir die Weiterentwicklung von heutigen in Konzernen oftmals bereits eingeführten Lebensarbeitszeitkonten[4] als monetären Mantel der Work-Life-Integration vor.

Dabei sollte eine Institution sämtliche Einkünfte verwalten und dem Projekt-Mitarbeiter einen immer gleichen Betrag zur Verfügung stellen, sodass Spitzen nach oben und unten vermieden, die erforderlichen Sozialversicherungsabgaben regelmäßig getätigt, Steuern entrichtet und Vermeidung von Defiziten durch Geldverschwendung. Vorstellbar wären z. B. die Möglichkeiten, die erhaltenen Zahlungen alle fünf Jahre zu justieren. Denn auch Projekt-Arbeiter werden ihre Tagessätze über die Jahre und mit zunehmender Kompetenz gewiss steigern und somit einen höheren Abschlag fordern. Gleichfalls kann aber auch, womöglich mit zunehmendem Alter, eine Verringerung des Abschlages sinnvoll und angebracht sein. Sollte an einem bestimmten Zeitpunkt, an dem der Projektarbeiter nicht mehr arbeiten möchte, die Einzahlungen stoppen, so geht der Mitarbeiter in Rente und

---

[3]Das philosophisch, soziologisch, psychologisch, sozialpolitisch und ökonomisch zwar sehr interessante, aber fiskalisch nicht umsetzbare Gedankenmodell des Bedingungsloses Grundeinkommens wollen wir an dieser Stelle nicht thematisieren.

[4]Auf einem Lebensarbeitszeitkonto sparen Arbeitnehmer Arbeitsentgelt an, um sich später eine bezahlte Freistellung von der Arbeit zu finanzieren. Die angesparten Beiträge werden in einem Lebensarbeitszeitkonto angelegt. Später können der Arbeitgeber und der Arbeitnehmer gemeinsam von diesem Konto ein Wertguthaben abrufen, z. B. um früher in Rente zu gehen.

kann sich vorhandene Überschüsse auszahlen lassen. Wann dies geschieht, liegt im Ermessen des Projekt-Arbeiters. Dieses Lebenseinkünftekonto ist firmen- und ortsunabhängig. Es eröffnet dem Mitarbeiter jegliche Flexibilität und gleichzeitig Sicherheit und Unabhängigkeit, sodass der Mitarbeiter stets entscheiden kann, ob er sich weiterbilden, ein Projekt annehmen, eine Reise machen oder mehr oder ganz für die Familie da sein möchte. Ob die Verwalter der Einkünfte staatlich oder privatwirtschaftlich organisiert werden, wird sich zeigen.

4.3   Führungsstile

„Unter Führungsstil ist das Resultat der Ausgestaltung der Führungsfunktion, Planung, Entscheidung, Aufgabenübertragung und Kontrolle zu verstehen"[5]. Dabei hat sich in den vergangenen dreißig Jahren der grundlegende Führungsstil von einem oft autoritären/patriarchalischen hin zu einem kooperativen, einbindenden Führungsstil entwickelt. Kein Manager wird heute einen autoritären Führungsstil propagieren oder für sich selber reklamieren. Wenngleich einige Personen mit einer natürlichen Autorität führen. Beispiele hierfür sind hoch qualifizierte Führungskräfte, die heute die großen global operierenden IT Unternehmen leiten, wie z. B. Steven Jobs, Elon Musk und Satya Nadella. Stärke und Besitztum gleitet über in Qualifikation und Kompetenz. Der Führungsstil ändert sich im Gleichklang von dominanzgeprägt über besitzgeprägt hin zu wissens- und charismabasiert (Abb. 4.1).

In einer Work-Life-integrierten Welt ist eine demokratische Führungskonzeption immanent, weil die Eigenverantwortung und Partizipation zwingende Voraussetzungen für Work-Life-Integration sind. Agile Methoden, wie sie in der Software-Entwicklung angewendet werden, werden in die Managementwelt transferiert. Agile Organisationsformen, weiterhin Holokratien[6], eine Systematik, die Entscheidungsfindungen mit durch alle Ebenen hindurch gewünschter Transparenz und partizipativen Beteiligungsmöglichkeiten darstellt sowie Soziokratien[7], eine Organisationsform, mit der Organisationen konsequent Selbstorganisation umsetzen können, sind Weiterentwicklungen jenseits der klassischen Aufbau-, Ablauf- und Matrixorganisationen. Hierin ändert sich der Führungsstil in Richtung Laissez-Fair, eine Extremform, die den Mitarbeitern sehr viele Freiräume bietet. Dabei wird die Arbeit, die Aufgaben und die Organisation strukturell und vom

---

[5]Thommen und Achleitner (2003, S. 879).

[6]Robertson (2016).

[7]https://s3lf.org/anwendung/soziokratie-3-0-für-agiles-selbst-management/

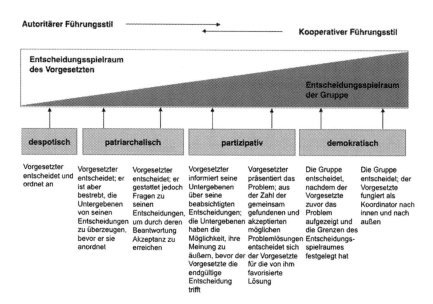

Abb. 4.1 Führungsstile. (Thommen und Achleitner 2003, S. 880)

Inhalt selber bestimmt. Ob eine Person oder die zu bewältigende Arbeit die Führung bestimmt, oder sogar übernimmt, ist der Gemeinschaft in ihr Streben nach Zielerreichung überlassen. Diese Organisationsform und der darin eingebettete Führungsstil werden oft im kreativen Umfeld vorgefunden, wie in Werbeagenturen, Modehäuser und Software Unternehmen. Heute gelebte Beispiele dienen als Vorbilder für klassische Betriebe der Sekundär- und Tertiärindustrien und sind Modelle für Unternehmen, die in Zukunft Leben und Arbeit integrieren wollen.

Es sei die brasilianische Firma Semco Partners als Beispiel erwähnt, die Anfang der 1980'er Jahre von Ricardo Semler in Form einer industriellen Demokratie gegründet wurde. „Das Ziel einer industriellen Demokratie ist es, einen Arbeitsplatz zu schaffen, an dem die Menschen die bestmögliche Balance zwischen persönlichem Talent und Interesse und dem, was es braucht, um kollektiv an einem vorgegeben Ziel zu arbeiten, finden. Es geht also viel um Stakeholder Alignement und darum, dass Mitarbeitern der Raum gegeben wird, für sich selbst Entscheidungen zu treffen[8]" Man mag einwenden, dass solcherart Führungsinstrumente besser gelingen, wenn das Unternehmen (oder die Institution) erfolgreich

---

[8]Capital, 07.03.2019.

ist. Nach Semlers Meinung ist es jedoch umgekehrt kausal: „Menschen, die kein Mitbestimmungsrecht haben und keine Freiheit, Dinge zu verändern, werden sich nie gänzlich für eine Firma einsetzen. Wenn es zudem keine Transparenz gibt und den Mitarbeitern wichtige Informationen fehlen, dann werden sie niemals wirklich an die Firma glauben. Im Endeffekt werden diese Mitarbeiter weniger interessante Ergebnisse und auch eine weniger lukrative Firma generieren. Industrielle Demokratie ist also vor allem ein Mechanismus, um aufzuzeigen, dass es sehr viel bessere und organischere Wege gibt, wie Menschen auf der Arbeit interagieren können als das klassische militärische System"[9].

Gewiss ist, dass partizipative, demokratische Arbeitsformen Voraussetzung für Work-Life-Integration sind. Die Arbeitsleistung wird in aller Regel eine zielorientierte Teamleistung sein, wobei anerkannte und akzeptierte Individualleistung durchaus von der Gemeinschaft gewollt sind. Um voran zu kommen wird der Führungsstil geprägt durch ein Team und das Teaming der Mitglieder. Auch die Aufgabenstellung, die Zielsetzung, orientiert sich an den Erfordernissen und wird zumeist vom Team ausformuliert, d. h. gemeinschaftlich entwickelt, abgestimmt, angenommen und umgesetzt. Selbstverständlich richten sich Ziele und die Umsetzung eines Vorhabens, eines Projektes, weiterhin an bewährte Grundlagen: Wirtschaftliche Faktoren, Ressourcenschonung, Qualität und Machtkonstellationen.

Hier kann auf die Kondratjew-Zyklen verwiesen werden.[10] Diese beschreiben den Kern einer von dem sowjetischen Wirtschaftswissenschaftler Nikolai Kondratjew entwickelten Theorie zur zyklischen Wirtschaftsentwicklung, eine Theorie der Langen Zyklen. Der Führungsstil im kommenden sechsten Kondratjew Zyklus, gesamtheitlich und auf Gesundheit ausgerichtet, wird mit höchster Wahrscheinlichkeit eine Work-Life-Integration unterstützen. Der Führungsstil wird von einer Gemeinschaft wesentlich auf die Gesundheit des Individuums und der Gemeinschaft achten. Das Glück des Individuums und der Gemeinschaft steht im Vordergrund, nicht unähnlich eines Paragrafen der Konstitution Bhutans, wo schon 1972 der König von Bhutan das „Glück" zum obersten Ziel der nationalen Politik ausgerufen hat.[11] Dass dieser Aspekt durchaus wirtschaftliche Relevanz

---

[9]Semler (1993, S. 18).

[10]https://de.wikipedia.org/wiki/Kondratjew-Zyklus

[11]The Constitution of The Kingdom of Bhutan **Article 9 Principles of State Policy – § 2.** „The State shall strive to promote those conditions that will enable the pursuit of Gross National Happiness."

erfährt, kann z. B. am Claim des Münchner Start-ups Spendit gesehen werden:
Happiness is profitable[12].

4.4 Rechtliche Voraussetzungen der Work-Life-Integration

Die Politik hat die Aufgabe, Veränderungen in der Gesellschaft neue Rahmenbedingungen zu geben. Wir wollen einige gesetzliche Rahmenbedingungen nennen,
die aus unserer Sicht maßgeblich wären, um der Work-Life-Integration eine
gesetzliche Verankerung zu geben. Dabei müssen wir beachten, dass die Gesetzgebung meist der Realität hinterherhinkt und die Folgen eines Gesetzes erst ex-post
beurteilt werden können. Ebenso sollte es der Anspruch der Politik in einer
Demokratie sein, das Gemeinwohl zu steigern und nicht Partikularinteresse zu
optimieren. Über die letzten zwei Jahrhunderte wurde der Arbeiter/Arbeitnehmer
durch eine Vielzahl von Gesetzen geschützt. In diesem Geiste wirken Gewerkschaften, die dem Arbeitnehmer auch rein individuelle Verhandlungen, wie z. B.
über das Einkommen in großflächigen Tarifvereinbarungen abnehmen wollen, bis
heute, wobei neben dem Erhalt des bestehenden Arbeitsplatzes vor allem das
Wohlbefinden des Arbeitnehmers im Vordergrund steht. Diese Handlung folgte
der Ansicht, dass sich der Arbeitnehmer gegenüber dem Arbeitgeber in einer
schwächeren Position befindet und daher die Unterstützung einer starken Institution – Staat oder Gewerkschaft benötigt. Work-Life-Integration setzt jedoch bei
der Entfaltung des Individuums an und steht daher immanent konträr zu einer
Gesetzgebung, die Organisationen das Mandat erteilt, über die freie Entfaltung des
Bürgers zu bestimmen. Wir plädieren dafür, Rahmenbedingungen so zu gestalten,
dass ein Korsett für alle Stakeholder besteht, aus dem sich dann die jeweiligen
Vertragspartner selbstverantwortlich eine individuelle Lösung gestalten.

Home-Office Die Option, im Home-Office zu arbeiten ist ein Kernbestandteil der
Work-Life-Integration. Daraus aber, wie es Bundesarbeitsminister Heil möchte,
ein Recht auf Home-Office abzuleiten, geht insofern fehl, als dass gerade der
Wandel zu Arbeitnehmermärkten die Möglichkeit eröffnet, in Arbeitsverträgen,
die genaue Ausgestaltung einer solchen Home-Office Nutzung zu vereinbaren.
Der Gesetzgeber sollte vielmehr die Rahmenbedingungen festlegen, wie bspw. die
berufliche Nutzung von Wohnräumlichkeiten steuerlich geltend gemacht werden
können. Die Maßgabe, es müsse ein abgeschlossener Raum sein, ist in jedem Fall

---

[12]www.Spendit.de

nicht mehr zeitgemäß. Eine Lösung könnte sein, dass jeder Angestellte z. B. 10 % seiner Wohnfläche oder stets z. B. 10 qm. pauschal absetzen könnte. Ebenfalls muss die gesetzliche Unfallversicherung neu geregelt werden. Heute ist im Home-Office nur ein Unfall bei beruflicher Tätigkeit abgedeckt, nicht aber z. B. ein Unfall auf dem Weg in die Küche um Mittag zu essen[13].

Arbeitszeit Das derzeitige Arbeitszeitgesetz[14] ist nicht mehr zeitgemäß. Konkrete Arbeitsstundenvorgaben sind schon heute für viele Mitarbeiter ein Anachronismus, ebenso wie die Vorgabe von Pausen und Ruhezeiten. Viele Aufgaben in einer Work-Life-Integration-Welt sind nicht an Stundenvorgaben gebunden, sondern sind individuell durch Ziele determiniert, die zu beliebigen Zeiten bearbeitet werden können.

Steuergesetzgebung Die steuerliche Grundlage für eine Work-Life-Integration sollte im Vordergrund immer die Wahlmöglichkeiten für die jeweilige präferierte Situation haben. Die heutzutage für viele Mitarbeiter bekannten Möglichkeiten, Werbungskosten in Form von Umzugskosten, doppelter Haushaltsführung, Fahrkosten ansetzen oder auch einen privaten PKW mithilfe der 1 % Steuerregelung fahren zu können, gehören insofern auf den Prüfstand, als dass ihre Sinnhaftigkeit im Sinne einer Work-Life-Integration überprüft wird.

Renteneintrittsalter Das Renteneintrittsalter muss aus verschiedenen Gründen modifiziert werden. Durch den demografischen Wandel wird es sich ohnehin nicht vermeiden lassen, das Renteneintrittsalter in den nächsten zwei Dekaden auf 70 Jahre oder sogar höher zu bringen. Wir glauben, dass aber neben der Notwendigkeit, das Rentensystem in sich zu stabilisieren, vor allem viele geistig arbeitende Menschen aufgrund ihrer Vitalität bis weit über 70 arbeiten können und wollen. Eine entsprechende Gesetzgebung ist unbedingt notwendig und sollte Personen privilegieren, die den Staat rentenspezifisch weniger belasten. Zum Beispiel könnten diese Personen im Falle einer notwendigen späteren Pflege Zuschüsse erhalten oder ihre Erben einen Rentenbonus gutgeschrieben bekommen.

Datenschutz Der Schutz der individuellen Daten ist gut und notwendig und ein elementares Bürgerrecht. Datenschutz darf aber nicht so weit gehen, dass

---

[13] Handelsblatt.

[14] Im Durchschnitt darf ein Arbeitnehmer nicht mehr als acht Stunden, in Ausnahmefällen maximal zehn Stunden arbeiten. Nach Ende der Arbeit muss der Mitarbeiter elf Stunden ruhen.

Menschen daran hindert, an und von jedem Ort arbeiten zu können, indem
der Zugriff auf Daten verweigert wird, die für die Tätigkeit benötigt werden.
Moderne Verschlüsselungssoftware und unternehmensinterne Regularien sollten
den Mitarbeitern Raum für ihre Tätigkeit an verschiedenen Orten gewähren.

In Summe empfehlen wir, dass der Gesetzgeber Rahmenbedingungen schafft,
die den Vertragsparteien individuellen Handlungsspielraum geben und eher weniger als zu viel regeln. Der selbstverantwortliche Mitarbeiter steht im Mittelpunkt
von Work-Life-Integration.

Fazit   5

Ziel der Work-Life-Integration ist, den Stresslevel zu senken, die allgemeine Zufriedenheit, das Glücksgefühl, zu steigern, indem man die beiden Bereiche, die unser Leben maßgeblich beeinflussen, auf „natürliche" Weise miteinander vereint und somit Arbeitnehmern durch Work-Life-Integration attraktive Anreize geboten werden.

Gelebte Work-Life-Integration sorgt zusammenfassend dafür, dass Arbeitnehmer

- ihre Zeit effektiver nutzen
- notwendige Dinge erledigen, wenn sie akut sind
- weniger Stress haben
- weniger Schuldgefühle haben
- gesünder leben
- mehr Freude am Arbeiten haben
- positiv über Ihre Arbeit und Ihren Arbeitgeber reden
- nicht immer 40 h pro Woche arbeiten müssen und dennoch Ihr Ziel erreichen
- langfristig motiviert sind
- (wieder) mehr Leistungsbereitschaft zeigen
- Familie und Profession vereinen können
- Das eigene Wohlgefühl steigern
- Familienmitglieder, Älteren, Kinder und Partner, als angenommene und akzeptierte Mitglieder einer Leistungsgesellschaft fühlen – und indirekt daran teilnehmen

Für Arbeitgeber stellt sich die Frage, wie werden die künftig durch den demografischen Wandel umworbenen hoch-qualifizierten Arbeitskräfte der Generation Y

© Springer Fachmedien Wiesbaden GmbH, ein Teil von Springer Nature 2020   43
M. Busold und M. Husten, *Work-Life-Integration*, essentials,
https://doi.org/10.1007/978-3-658-32469-8_5

behandelt und somit zu einer Mitarbeit motiviert. Denn nur eine klare Konzeption und langfristige Strategie kann gewährleisten, dass sich genügend (Young) Professionals für eine Mitarbeit interessieren.

Gelebte Work-Life-Integration sorgt zusammenfassend dafür, dass Arbeitgeber

- Motivierte Mitarbeiter finden, bekommen und halten
- Ein deutliches erhöhtes Identifikationsgefühl mit dem Arbeitgeber entsteht
- Die geleistete Arbeit effizient und zielführend erhalten

Work-Life-Integration ist das Lebensmodell der Zukunft. Veränderungen im gesellschaftlichen und unternehmerischen Umfeld werden durch politische Flankierungen zu einer neuen Arbeitsgesellschaft führen, die integrativer, selbstbestimmter, facettenreicher und kreativer wird. Zugleich bietet das Konzept der Work-Life-integration der Arbeitsgesellschaft die Möglichkeit, Familie, Freizeit, Freunde und soziale Verpflichtungen zu migrieren, ohne dass Druck und Stress überhandnehmen und gesundheitliche Schäden entstehen.

Die dafür notwendigen und teilweise schon etablierten Veränderungen sind entweder durch gesellschaftliche Veränderungen gar nicht mehr aufzuhalten, z. T. müssen sie aber politisch und medial gepusht und unterstützt werden, um das notwendige Korsett für dieses Lebensmodell anzubieten. Einige aus unserer Sicht wesentlichen Aspekte haben wir in diesem Buch genannt und Vorschläge unterbreitet. Damit ist aber weder das Thema in Gänze oder umfassend behandelt, noch können wir in die Zukunft schauen und jeden Trend erfassen. Wir wissen auch, dass das Lebensmodell der Work-Life-Integration nicht für jeden passend sein kann und auch nicht für jede berufliche und private Situation das Richtige ist. Work-Life-Integration soll kein Freifahrtschein für halbherziges Arbeiten und individuellen Urlaub nach Gutdünken sein, sondern Work-Life-Integration fordert von Arbeitnehmern ein hohes Maß an Selbstdisziplin und Verantwortungsbewusstsein, mit Freiraum und geringer Kontrolle umgehen zu können.

Wir möchten mit diesem essential zur weiteren Diskussion anregen, Herausforderungen der Zukunft, seien Sie exogen oder endogen initiiert, für Arbeitgeber und Arbeitnehmer in einen guten Einklang zu bringen, um den Dreiklang aus Prosperität, Nachhaltigkeit und sozialer Verantwortung zu meistern.

Was Sie aus diesem *essential* mitnehmen können

- Wie wirken sich die drei Mega-Themen Digitalisierung, Klimaschutz und Corona auf die Arbeits- und Lebensweise der Zukunft aus
- Was ist Work-Life-Integration im Gegensatz zu Work-Life-Balance
- Welche Folgen hat Work-Life-Integration für Unternehmen und Mitarbeiter
- Welche gesellschaftlichen und politischen Rahmenbedingungen sind Voraussetzungen für Work-Life-Integration

© Springer Fachmedien Wiesbaden GmbH, ein Teil von Springer Nature 2020   45
M. Busold und M. Husten, *Work-Life-Integration*, essentials,
https://doi.org/10.1007/978-3-658-32469-8

Literatur

Buch

Allmendinger, Jutta, und Leibfried, Stephan. 2005. *Bildungsarmut*. In: Opielka, Michael (Hrsg.): Bildungsreform als Sozialreform; Springer, Wiesbaden, S. 45–60

Jánszky, Sven Gábor. 2014. *Das Recruiting Dilemma*. Haufe, Freiburg

Marx, Karl. 1988. *Das Kapital*. Band 3. Dietz Verlag. Berlin

Kant, Immanuel. 1785. *Grundlegung zur Methaphysik der Sitten*. J.F. Hartknoch, Riga

Robertson, Brian J. 2016. *Holacracy. Ein revolutionäres Management-System für eine volatile Welt*. Vahlen. München

Semler, Ricardo. 1993. *Das Semco System. Management ohne Manager. Das neue revolutionäre Führungsmodell*. 2. Auflage. Heyne, München

Thommen, Jean-Paul und Achleitner, Ann-Kristin. 2003. *Allgemeine Betriebswirtschaftslehre*. 4. Auflage. Gabler. Wiesbaden

Sammelband

Lipkau, Rose. 2019. *Retention Management*. In: Busold, Matthias (Hrsg.): War for Talents, 2. Auflage. Springer, Berlin, S. 165–175

Werding, Martin. 2019. *Talente werden knapp. Perspektiven für den Arbeitsmarkt*. In: Busold, Matthias (Hrsg.): War for Talents, 2. Auflage. Springer, Berlin, S. 3–19

Online-Dokument (ohne DOI)

Berger, Roland. 20.11.2017. Die Zukunft der Arbeit; Online unter: https://www.roland berger.com/de/Point-of-View/Die-Zukunft-der-Arbeit.html. Zugegriffen: 28. September 2020

Bundesfinanzministerium. 2017. Produktivität in Deutschland – Messbarkeit und Entwicklung. Online unter: https://www.bundesfinanzministerium.de/Monatsberichte/2017/10/Inhalte/Kapitel-3-Analysen/3-1-Produktivitaetsentwicklung-Deutschland.html. Zugegriffen: 25. September 2020

Bundesverband CoWorking Spaces e. V. 16.06.2020. Zahl der CoWorking-Spaces hat sich vervierfach. Online unter: https://www.bundesverband-coworking.de/2020/06/zahl-der-coworking-spaces-hat-sich-vervierfacht/. Zugegriffen: 25. September 2020

Pawlik, V. 02.08.2019. Statistiken zu Senioren.; Online unter: https://de.statista.com/themen/172/senioren/. Zugegriffen: 25. September 2020

Statista. 16.07.2020. Scheidungsquote in Deutschland bis 2019. Online unter: https://de.statista.com/statistik/daten/studie/76211/umfrage/scheidungsquote-von-1960-bis-2008/. Zugegriffen: 23. September 2020

Vodafone RED. 06.10.2014. Neue gegen alte Tarife im Vergleich. Online unter: https://www.lte-anbieter.info/lte-news/vodafone-red-alt-neue-tarife-im-vergleich. Zugegriffen: 24. September 2020

Vodafone Red L. 2020. Online unter: https://www.vodafone.de/privat/tarife/vodafone-red-l.html. Zugegriffen: 24. September 2020

Wikipedia. 2020. Kondratjew-Zyklus. Online unter: https://de.wikipedia.org/wiki/Kondratjew-Zyklus. Zugegriffen: 08. Oktober 2020

Zeitungsartikel/Magazin/Tages-/Wochenzeitung

Heimbach, Thomas und Kaleta, Philip. 27.12.2019: „Wäre eine gute Sache": Warum Dorothee Bär für Online-Wahlen ist – unter einer Bedingung. *Business Insider*; Online unter: https://www.businessinsider.de/wirtschaft/warum-wir-laut-dorothee-baer-in-einem-zeitalter-der-exzesse-leben-und-wie-deutschland-von-der-digitalisierung-profitieren-kann/

Koch, Christoph. 2016. Was war noch mal … die Work-Life-Balance? *brand eins (Partner von Zeit Online)*; Online unter: https://www.brandeins.de/magazine/brand-eins-wirtschaftsmagazin/2016/gesundheit/was-war-noch-mal-die-work-life-balance

Veenhoven, Ruut. 25.07.2019. Was uns wirklich glücklich macht. *BR Wissen*. Online unter: https://www.br.de/wissen/glueck-gluecksforschung-gehirn-100.html

Seifert, Leonie.15.10.2013.8:00 Uhr. „Man kann sich zu Tode arbeiten". *Zeit Online*; Online unter: https://www.zeit.de/campus/2013/06/arbeiten-stress-uebermuedung-tod

Schlick, Leonie. 07.03.2019. „Eine Firma mit weniger Regeln zu leiten ist nicht so schwer" Capital; Online unter: https://www.capital.de/allgemein/ricardo-semler-eine-firma-mit-wenigen-regeln-zu-leiten-ist-nicht-so-schwer

unbekannter Autor.10.11.2016, 14:49 Uhr. Arbeit 24/7? Wie sich Digitalisierung auf Job-Zufriedenheit auswirkt. *Westdeutsche Zeitung*; Online unter: https://www.wz.de/ratgeber/beruf-und-bildung/wie-sich-digitalisierung-auf-job-zufriedenheit-auswirkt_aid-27701977

Unbekannter Autor. 16.10.2017. Agiles Management mit Soziokratie 3.0. Online unter: https://s3lf.org/anwendung/soziokratie-3-0-für-agiles-selbst-management/

Unbekannter Autor. 24.04.2019, 11:15 Uhr. Immer mehr Menschen wegen psychischer Erkrankungen arbeitsunfähig. *Spiegel Job & Karriere;* Online unter: https://www.spi egel.de/karriere/psychische-erkrankungen-immer-mehr-menschen-berufsunfaehig-a-126 4152.html
Unbekannter Autor. 31.03.2020, 14:20 Uhr. Hunderttausende Menschen in Deutschland leben in Pflegeheimen. *Zeit Online;* Online unter: https://www.zeit.de/gesellschaft/zei tgeschehen/2020-03/pflegeeinrichtungen-deutschland-pflegebeduerftige-altenpflege
Unbekannter Autor. 09.10.2020. Online unter: https://www.unodc.org/res/cld/document/ the-constitution-of-the-kingdom-of-bhutan_html/Constitution_of_Bhutan.pdf

Video Konferenzen

Leibniz Stiftung. 30.09.2020. Leibniz debattiert – Homeoffice – wie ändert sich unsere Arbeitswelt durch die Coronakrise?

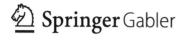

Printed in the United States
By Bookmasters